# Empfehlungen für
# Wie ein Mahl Welten bewegt

Bibelwissenschaftler Christian Eberhart legt die Texte der Kommunionsfeier aus, indem er erklärt, wie Christinnen und Christen des ersten Jahrhunderts Jesu Einsetzungsworte "das ist mein Leib – das ist mein Blut" verstanden hätten. In klar verständlicher Sprache macht Eberhart seine umfangreichen Forschungen zu diesem Thema für Nicht-Akademiker zugänglich. Leserinnen und Lesern dieses Buches eröffnet sich eine tiefere Erfahrung der Kommunion.

*Pastorin Prof. Dr. Priscilla Eppinger*
*Community of Christ Seminary,*
*Graceland University, USA*

Prof. Dr. Christian A. Eberhart präsentiert eine gut verständliche Erklärung des Sakraments der Kommunion. Das Buch ist leicht zu lesen und für Kirchenbesucherinnen und -besucher eine wertvolle Handreichung, diesen wichtigen christlichen Ritus zu verstehen. Prof. Dr. Eberhart hat die Gabe, zentrale Bibelpassagen miteinander in Beziehung zu setzen, alte Traditionen wieder aufleben zu lassen und auf diese Weise die Gottesdienstpraxis von heute verständlich zu machen. Leserinnen und Leser lernen die Terminologie kennen, anhand derer sie den eigenen christlichen Glauben artikulieren können und die es ihnen erlaubt, auch anderen den wertvollen Inhalt dieses wichtigen Sakraments nahezubringen. Ich bin Pastorin der Studentengemeinde an der University of Houston, und ich kann es kaum erwarten, Studierende mit der Lektüre dieses Buches zu erquicken.

*Pastorin Laureen Suba*
*Direktorin der Studentengemeinde*
*United Campus Ministry of Greater Houston, USA*

Kein Ritus ist so zentral und keine Handlung so prägend für christliche Gemeinden wie die heilige Kommunion, die auch Eucharistie oder Herrenmahl genannt wird. Prof. Dr. Christian A. Eberhart nimmt seine Leserinnen und Leser mit auf eine Bildungsreise durch die Bibel und ihre lange Geschichte, wobei deutlich wird, dass die alten Texte auch heute noch zu Menschen sprechen. Kirchliche Laien sowie Pastorinnen und Pastoren werden gleichermaßen nachhaltig von diesem Buch profitieren und zum Nachdenken angeregt. Verständlich geschrieben. Voller Einsichten. Sehr empfehlenswert.

*Prof. Dr. David Capes*
*Lehrstuhl für Neues Testament;*
*Dekan, Houston Graduate School of Theology,*
*Houston, TX, USA*

# WIE EIN MAHL
# WELTEN BEWEGT

## DAS ABENDMAHL IN DER BIBEL UND
## IN DER CHRISTLICHEN KIRCHE

CHRISTIAN A. EBERHART

LUCIDBOOKS

Erste Auflage 2016

ISBN-10:1632961024
ISBN-13: 9781632961020
eISBN-10: 1632961040
eISBN-13: 9781632961044

Fotos auf Seiten 146, 147, 148, 149: Christian A. Eberhart

Illustration auf Seite 47: Yanis Eberhart

Titelbild von Dr. He Qi (www.heqiart.com), mit freundlicher Genehmigung des Künstlers.

Für Josianne
die Krankenschwester in Marseille, Frankreich,
die am 7. und 8. Januar 2009 mitten in einem
ebenso überraschenden wie gewaltigen Schneesturm
fünf fremde Durchreisende beherbergte und mit
Mahlzeiten versorgte.

# Inhaltsverzeichnis

# Inhaltsverzeichnis

# Danksagung

Dieses Buch verdankt sich einer Reihe von Seminaren und Konferenzen, die ich in verschiedenen Kirchen und Synoden zu Themen wie Abendmahl, Sühne und Opfer sowie zum Leben und Tod von Jesus gehalten habe. Bei solchen Gelegenheiten wurde wiederholt der Wunsch danach geäußert, eine Darstellung der komplexen Konzepte und ihre biblischen Grundlagen in kompakter und zugänglicher Weise verfügbar zu machen.

Es freut mich, dass ich diesem Wunsch nunmehr nachkommen kann. Mein Dank gilt speziell denjenigen, die mich zu besagten Veranstaltungen eingeladen haben, und den vielen, die daran teilgenommen und durch ihre Rückfragen weitere Reflexionen angeregt haben.

Mein Dank gilt ferner vielen Kollegen in der Wissenschaft, deren profunde Kenntnisse und anregende Beiträge mich speziell bei jährlichen Kongressen der Society of Biblical Literature (Atlanta, USA) immer wieder inspiriert und in meinen Gedanken zum Thema weitergeführt haben. Dem fortlaufenden Austausch mit ihnen sind andere meiner Bücher mit umfangreicheren Themenstellungen als dieses hier gewidmet, die dennoch auf das Abendmahl und seine alttestamentlichen Bezüge eingehen.[1]

Während der Arbeit am vorliegenden Buch habe ich viele Menschen zu Gesprächen über das Abendmahl eingeladen. Einige haben für mich ihre Meinung dazu sogar aufgeschrieben. Erwähnt sei, dass diese Leute verschiedenen christlichen Konfessionen und Kirchen angehören. Manche von ihnen besuchen Gottesdienste regelmäßig, andere nicht; auch sind die meisten Laien. Eine Auswahl ihrer Aussagen und Zeugnisse habe ich in dieses Buch aufgenommen – leider war nicht Platz für alle! Sie zeigen, dass verschiedene Menschen teils ähnliche, teils verschiedene, aber jedenfalls immer kreative und originelle Ansichten zum Abendmahl haben. Sie zeigen weiterhin, dass Menschen sich viele tiefgreifende Gedanken dazu machen – und dass sie dabei auch eine Reihe wichtiger Fragen haben.

Allen, die sich mir in dieser Weise geöffnet und mitgeteilt haben, möchte ich von Herzen danken. Mein Dank gilt außerdem Pastor Dr. Ralph Charbonnier, dem damaligen Superintendent des Evangelisch-Lutherischen Kirchenkreises Burgdorf (inzwischen Oberkirchenrat der Evangelischen Kirche Deutschlands), sowie der Leitung und den Mitarbeitern der Landeskirchlichen Gemeinschaft Burgdorf, die mich dabei jeweils tatkräftig unterstützten. Weil eigentlich alle persönlichen Aussagen und Zeugnisse sehr interessant sind und unterschiedliche Ansichten über das Abendmahl anschaulich machen, möchte ich vorab schon einmal einige einfügen. Andere Aussagen präsentiere ich in späteren Abschnitten dieses Buches.

Abendmahl ist das sichtbare Zeichen der durch Jesus Christus zugesprochenen Vergebung der Schuld.
– *Günther Dreger (56 Jahre alt)*

# Danksagung

Abendmahl ist Schmecken, Sehen, Riechen "des Glaubens", das heißt, Gott auch durch andere Eingangskanäle als das Hören und das Lesen wahrnehmen. So wird mir die Vergebung, die Gott schenkt, zugesagt und "begreifbarer".
*– Gudrun Behrens (41 Jahre alt)*

Aufgrund meiner Erziehung und Erfahrung bedeutet das Abendmahl für mich etwas Trauriges, Düsteres.
*– Anonyme Aussage*

Die Leserinnen und Leser dieses Buches werden darüber hinaus bemerken, dass meine eher langatmigen Ausführungen zum Abendmahl hier und da durch originelle, prägnante und stets außerordentlich tiefsinnige Gedichte von Lothar Zenetti, einem römisch-katholischen Priester, unterbrochen werden. Dichter wie Zenetti sind im Raum der christlichen Kirchen selten geworden; umso mehr gestehe ich hiermit meine Bewunderung der poetischen Kunst eines meiner Verwandten ein.

Meinen Dank möchte ich an dieser Stelle insbesondere der *Christian Faith and Life Initiative* des *Louisville Institutes* (in Louisville, USA) aussprechen. Durch ihre finanzielle Unterstützung wurde dieses Buch (sowie eine englisch- und eine französischsprachige Ausgabe) gefördert. Beihilfen zur deutschsprachigen Ausgabe wurden auch von der *John D. and Allie Lea Orton Foundation* (in Houston, USA) bereitgestellt, der gegenüber ich mich hiermit erkenntlich zeigen möchte. Meine ganz spezielle Dankbarkeit gilt Mark und Becky Lanier, Gründer der *Lanier Theological Library* (Houston, USA), und ihrem Direktor Charles Mickey. Sie haben mich freundlicherweise als "scholar in residence" an diese Institution eingeladen, während ich das Manuskript abschließend überarbeitete. Die literarischen Schätze in dieser Bibliothek haben diesem Buch auf ihre eigene Weise gutgetan, und die Abgeschiedenheit und Ruhe haben meine Konzentration für die "letzten Dinge" entschieden gefördert. Danken möchte ich weiterhin den Mitarbeitern der *Lanier Theological Library* für ihre freundliche und warmherzige Unterstützung in allen Belangen.

Anerkennend sei auch Frau Margret Neuefeind erwähnt, die sich um das Korrekturlesen verdient gemacht hat; alle verbleibenden (oder neu hinzugefügten) Fehler sind allein meine Verantwortung. Dank schulde ich ferner Michael Putman, der eine englische Übersetzung (mit dem Titel "What a Difference a Meal Makes. The Last Supper in the Bible and in the Christian Church") besorgt hat. Ein besonders Dankeschön gilt Casey Cease, Verlagsdirektor von Lucid Books, der sich für dieses Manuskript interessiert hat, sowie Sammantha Lengl und Laurie Waller in diesem Verlagshaus für die effiziente und angenehme Zusammenarbeit auf den abschließenden Etappen.

Merci beaucoup sage ich schließlich meiner Frau Véronique. Sie hat den Text der deutschen und englischen Fassungen sorgfältig durchgelesen und ins Französische übersetzt (erhältlich unter dem Titel: "Invités au banquet du Seigneur. La communion dans la Bible et dans l'Église chrétienne") sowie vielfältige Vorschläge zu Verbesserungen gemacht.

Houston (USA), im Dezember 2015
C.A.E.

# Einleitung:

# DAS ABENDMAHL IN DER BIBEL UND IN DER CHRISTLICHEN KIRCHE

Viele Menschen, die an christlichen Gottesdiensten teilnehmen, kennen die Feier mit Brot und Wein. In christlichen Kirchen wird dieser Ritus je nach Konfession Abendmahl, Herrenmahl, Eucharistie, Kommunion oder noch anders genannt. Warum jedoch existieren für eine einzige Feier unterschiedliche Bezeichnungen, und was genau bedeuten sie? Was ist das Abendmahl eigentlich – ein Ritual, eine Feier, ein Mahl oder sonst etwas? Was ist sein Ursprung, und was bedeuten die Handlungen mit Brot und Wein? Diese Fragen beschäftigen sich alle damit, was das Abendmahl eigentlich bedeutet. Dazu sollen in diesem Buch die wichtigsten Texte der Bibel besprochen werden. Gefragt wird schließlich, wie sich die Feier des Abendmahls, die wir heute aus den Gottesdiensten unserer Kirchen kennen, zu diesen Texten verhält.

# Wie ein Mahl Welten bewegt

Der Blick auf die Texte der Bibel führt uns auch zu einigen spezielleren Fragen: Warum warnte Paulus die Christen in Korinth, das Abendmahl nicht "unwürdig" zu sich zu nehmen? Betrifft uns das auch heute noch? Geht es im Abendmahl um den Tod von Jesus oder sein Opfer? Was ist eigentlich das "Blut des Bundes", das Jesus beim Abendmahl erwähnte? Was ist das Passa? Und wie können Handlungen mit Brot und Wein die Sünden von Menschen vergeben? Wie ist es außerdem möglich, dass Brot und Wein überhaupt etwas bewirken können, das für Christinnen und Christen relevant ist?

Alle diese Fragen sind interessant und wichtig. Manche unter uns möchten selbst mehr über die Feier mit Brot und Wein erfahren, damit sie daran beim nächsten Mal bereichert teilnehmen können. Manche haben evtl. auch Probleme mit einigen Vorstellungen, die sie mit diese Feier verbinden. Andere möchten gern wissen, wie diese Feier früher begangen worden ist oder wie sie in anderen christlichen Kirchen verstanden wird. Kurz gesagt, wenn Sie ein neugieriger Mensch sind, der mehr darüber wissen möchte, was fast alle Christinnen und Christen feiern, dann lade ich Sie zur weiteren Lektüre dieses Buches ein!

Die nachfolgenden Kapitel enthalten außerdem genauere historische Informationen über das Leben und die Zeit Jesu, damit sein kultureller Kontext besser verständlich wird. Sie sind in extra Info-Boxen mit dem Titel "Historie und Hintergründe" in die Kapitel eingefügt. Darüber hinaus finden sich in gelegentlichen Endnoten noch weitere Argumente, Tatsachen und Hinweise zu speziellen Aspekten; sie sind für diejenigen bestimmt, die sich für tiefergehende Informationen interessieren.

Dieses Buch kann nicht alle Fragen zum Thema Abendmahl oder Eucharistie beantworten und schon gar nicht alle Meinungen, Diskussionen, kirchlichen Verlautbarungen und

Lehren wiedergeben oder berücksichtigen. Es versteht sich eher als Einstieg für kirchliche Laien und möchte ihnen vor allem solide biblische Grundlagen zum Abendmahl bzw. zur Eucharistie bieten. Dieses Buch verdankt sich denn auch vielen Seminaren und Konferenzen, die ich in verschiedenen Kirchen und Synoden zu Themen wie Abendmahl, Sühne und Opfer sowie zum Leben und Tod von Jesus gehalten habe. Bei solchen Gelegenheiten wurde wiederholt der Wunsch danach geäußert, eine Darstellung der komplexen Konzepte und ihrer biblischen Grundlagen in kompakter und zugänglicher Weise verfügbar zu machen. Es freut mich, dass ich diesem Wunsch nunmehr nachkommen kann.

# Kapitel 1

## SPALTUNG UND EINHEIT IN DER CHRISTLICHEN KIRCHE

*Zungen von Feuer müssen's nicht sein,*
*Sprachen, die jauchzend entstehen,*
*nur gib uns ein Wort, darin Wahrheit ist,*
*daß wir, was recht ist, verstehen.*
*Ja, gib uns den Geist, deiner Wahrheit Geist,*
*daß wir einander verstehen!*

*– Lothar Zenetti*

"Warum feiern nicht alle Christen gemeinsam Gottesdienst?" "Warum sind all die vielen christlichen Kirchen, Konfessionen und Gruppen nicht vereint?" Diese beiden Fragen höre ich immer wieder, und beide beschäftigen sich mit einem allseits bekannten Problem. Einer Schätzung zufolge gibt es weltweit ungefähr 20.000 verschiedene christliche Konfessionen und kirchliche Gruppierungen. Vielleicht trösten wir uns angesichts dieser Fragen und dieses Problems mit dem Blick auf andere Religionen. Auch das Judentum, der Hinduismus, der Buddhismus oder der Islam sind keineswegs in sich einheitliche Bewegungen; all diese Religionen bestehen gleichfalls aus Hunderten, global vielleicht sogar aus Tausenden von verschiedenen Untergruppen. Demnach steht das Christentum in seiner Zersplitterung nicht unbedingt schlechter da als andere Religionen.

### Gemeinsamkeiten christlicher Gruppen und Konfessionen

Es ist aber auch möglich, die Frage nach der fehlenden Einheit unter den christlichen Konfessionen anders zu beantworten. Wir könnten ja auch sagen: "Wir sind ja alle eins! Wir gehören doch alle zusammen! Wir feiern doch alle Gottesdienst in ähnlichen Formen!" Wie allerdings kommen wir zu diesen Aussagen? Nun, die oben gestellte Frage könnte selbst in Frage gestellt werden. Warum sagen wir denn, die verschiedenen christlichen Kirchen und ihre Gottesdienstpraktiken seien getrennt? Diese Klage beruht meist auf der Auffassung, dass viele christliche Gruppen verschiedene Glaubensauffassungen und Lehren haben. Und natürlich unterscheiden sie sich auch durch Bezeichnungen wie römisch-katholisch, evangelisch-reformiert oder evangelisch-uniert oder evangelisch-lutherisch, oder pfingstlerisch oder orthodox.

Demgegenüber könnte ich antworten, dass sich Katholiken, Evangelische und Orthodoxe eben "Christen" nennen. Sie alle sind also nach Jesus Christus benannt, und das vereint sie jenseits aller weiteren Konfessionsbezeichnungen. Zwar sind die Bekenntnisse all dieser Gruppen irgendwo verschieden. Ihr Glaube basiert aber in der Regel auf den Apostolischen und Nizänischen Glaubensbekenntnissen. Sie alle glauben also an den dreieinigen Gott. Daher werden diese Glaubensbekenntnisse in Gottesdiensten vieler christlichen Kirchen regelmäßig rezitiert. Auch hier besteht also weitgehend Einigkeit.

Und außerdem: Trotz der scheinbar fehlenden Einheit feiern Christen in ihren Gottesdiensten das *Abendmahl* – die meisten wenigstens. Es gibt meines Wissens nur sehr wenige christlichen Gruppen, die diese Feier nicht begehen. Das Abendmahl ist bei vielen sogar schlechthin *das* Zentrum des Gottesdienstes und gilt als Sakrament, also als heiliger Ritus, welcher die Verbindung zwischen Gott und Mensch sichtbar macht. Das letzte Abendmahl von Jesus ist darüber hinaus auch eines der am häufigsten gemalten Motive in der Kunstgeschichte – mehr als viertausend verschiedene Versionen existieren davon angeblich. Ein beeindruckendes, großes Gemälde des chinesischen Künstlers Dr. He Qi schmückt den Gottesdienstraum der Kirche, die meine Familie und ich hier in Houston besuchen. Es befindet sich direkt hinter dem Altar und stellt Jesus dar, der Kommunion mit zwei seiner Nachfolger in Emmaus feiert. Die Wahl eines Kunstwerkes mit gerade diesem Motiv lässt erahnen, wie wichtig die Feier der Kommunion für die Mitglieder der Gemeinde ist. Ich habe es ebenfalls als Titelbild dieses Buches gewählt.

Christen verschiedener Konfessionen mögen sicherlich verschiedene Bezeichnungen für diese Feier haben. Für die einen ist es die Eucharistie, für andere das Herrenmahl oder die Messe oder das Abendmahl (diese Bezeichnung werde ich selbst in diesem Buch häufig verwenden). Darf ich Sie fragen: Wie wird diese liturgische Feier in Ihrer Kirche genannt? Welche anderen Bezeichnungen sind Ihnen noch bekannt?

## Das Abendmahl als gemeinsame Gottesdienstpraxis der Christen

Fast alle Christen feiern das Abendmahl. Das ist bedeutend. Das heißt nämlich, dass Christen in ähnlicher Weise gemeinsam Brot essen und Wein trinken. Natürlich gibt es auch hier wieder Unterschiede: Bei den einen wird tatsächlich Brot gebrochen, bei den anderen werden flache Hostien oder Oblaten gereicht. Bei den einen gibt es Wein zu trinken, bei den anderen Wein oder (Trauben-)Saft. Die einen trinken aus einem gemeinsamen Kelch, andere aus vielen kleinen Kelchen, wieder andere tauchen Hostien oder Brotstücke in den Kelch. Es gibt – beispielsweise in manchen römisch-katholischen Kirchen – auch die Praxis, dass nur der Priester und einige Mitglieder des Gemeindevorstandes, die die Messe abgesondert vom Rest der Gemeinde mit ihm am Altar feiern, den Wein trinken. Sonstige Gottesdienstbesucher erhalten also lediglich die Hostie oder ein Stück Brot.

Außerdem feiern auch nicht alle Christen das Abendmahl gleich oft. Bei vielen ist es Bestandteil des sonntäglichen Gottesdienstes. Andere feiern es seltener, zum Beispiel nur viermal im Jahr. Die Zeugen Jehovas zelebrieren das Abendmahl in der Regel sogar nur einmal pro Jahr. Demgegenüber gibt es aber auch Kirchen mit täglicher Abendmahlspraxis. Die Liste solcher Unterschiede ließe sich fortsetzen. Tatsächlich existiert keine bis ins Detail einheitliche christliche Abendmahlspraxis. Aber, um es zu wiederholen: Fast alle Christen feiern in der einen oder anderen Art dieses liturgische Mahl, das aus Brot und Wein besteht. Dem ließe sich hinzufügen, dass die Feier des Abendmahls heutige Christen mit den Urchristen und fast allen Gläubigen der Kirchengeschichte verbindet, insofern diese das Abendmahl damals auch schon gefeiert haben.

Solche Beobachtungen mögen für manche tröstlich sein. Natürlich kommen wir aber gleich zum nächsten Problem: Wir alle verstehen etwas anderes, wenn wir das gebrochene Brot (oder die Oblate) essen und den Wein (oder den Traubensaft) trinken. Immerhin haben unsere Kirchen und Konfessionen sogar lange Zeit miteinander gerungen, welches Verständnis des Abendmahls das rechte sei. Dass wir alle diese Feier unterschiedlich benennen und sie in unterschiedlichen Formen feiern, hatte ich ja schon erwähnt.

Solche Unterschiede existieren in der Tat. Sie sollen keineswegs geleugnet werden. Später gehe ich auf einige Unterschiede (sicherlich nicht auf alle) genauer ein. Betont sei aber an dieser Stelle, dass trotz aller Uneinigkeit in Lehre und Gottesdienstform die Feier mit Brot und Wein *Christen verbindet*. Deshalb empfiehlt es sich, über diese Feier einmal nachzudenken und nach ihren Ursprüngen und der Bedeutung einzelner Handlungen zu fragen. Um solche zentralen Fragen zum christlichen Abendmahl soll es im vorliegenden Buch gehen.

Bei der Lektüre der folgenden Seiten begegnen Ihnen sicherlich Vorstellungen und gottesdienstliche Formen zum Abendmahl, die Ihnen vertraut sind. In diesem Fall hoffe ich, dass Sie etwas über deren Ursprung und Bedeutung lernen, also über die historische "Tiefendimension". Andererseits werden Sie hier sicherlich auch Ansichten, Überlegungen und gottesdienstliche Formen zum Abendmahl antreffen, die Ihnen noch unbekannt sind, oder solche, die Sie nicht teilen. Ich hoffe in diesem Falle, dass Sie ein Stück weit offen und neugierig sind. Sie können dann nämlich Einsichten darüber gewinnen, wie andere Menschen diese Feier heute begehen oder wie sie vor langer Zeit, etwa im frühen Christentum, begangen wurde. Sie können also Neues über eine alte, aber dennoch wichtige Feier lernen. Auf diesem Weg lade ich Sie dazu ein, das Abendmahl als ein Mahl kennen zu lernen, das Welten bewegen, verändern und vereinen kann.

# Kapitel 2

## DAS ABENDMAHL IM NEUEN TESTAMENT

D as Abendmahl ist nicht nur irgendein Bestandteil der gottesdienstlichen Feierlichkeiten. Viele Christinnen und Christen sind sich darüber einig, dass es eines der zentralen Geschehen im Gottesdienst ist. Aber warum begehen sie diese Feier überhaupt?

Die Abendmahlsfeier geht auf die Bibel zurück. Im Neuen Testament ist zu lesen, dass Jesus Christus seine Jünger zu einem letzten Mahl einlud, bevor er gekreuzigt wurde. Nach den Texten von drei der vier Evangelien reichte er im Rahmen dieses Mahls seinen Jüngern Brot und Wein (Matthäus 26,26–29; Markus 14,22–25; Lukas 22,15–20).

Wenn Christinnen und Christen heutzutage also Abendmahl feiern, dann ahmen sie etwas nach, das Jesus einmal getan hat. Außerdem gibt der Apostel Paulus in einem seiner Briefe an die Korinther Ratschläge, wie das Abendmahl zu feiern ist (1 Korinther 11,23–25). Aus diesem Text und anderen, kürzeren Bemerkungen im Neuen Testament wird deutlich, dass schon die ersten Christen regelmäßig Abendmahl feierten. Spätere Texte des Christentums erlauben uns zu sehen, wie sich diese Praxis allmählich entwickelte. Wie steht es nun mit den Texten des Neuen Testaments? Wie stellen sie die Abendmahlspraxis von Jesus und den ersten Christen dar? Ist diese einheitlich oder gibt es Unterschiede?

In diesem Buch geht es darum, Texte der Bibel zu lesen und zu verstehen. Das soll gründlich geschehen – gesagt wurde schon, dass alle wichtigsten Texte der Bibel zum Abendmahl behandelt werden. Deshalb sehe ich einen nach dem anderen durch. Dabei soll es um manche Einzelheiten der Texte gehen, die ich möglichst genau beobachten und deuten möchte. Ich denke, dass die Texte der Bibel diese Aufmerksamkeit wert sind. Texte respektieren wir nämlich am ehesten dadurch, dass wir sie genau lesen und uns dann überlegen, was mit ihnen gemeint sein könnte. Ein solches Vorgehen führt zu umfangreichen und tiefgreifenden Einsichten; manchmal ergibt sich aber auch eine Reihe von Fragen. Zum Beispiel wird zu klären sein, was genau das Passafest ist, im Rahmen dessen Jesus sein Abendmahl feierte, oder das "Blut des Bundes", von dem er sprach. Diese Fragen werden später in jeweils eigenen Kapiteln behandelt.

## Das Abendmahl im Evangelium nach Markus

Die meisten Bibelwissenschaftler vermuten heute, dass das Evangelium nach Markus das älteste unter den vier Evangelien im Neuen Testament ist. Es entstand etwa im Jahre 70 n. Chr.

Das Abendmahl im Neuen Testament

Allerdings besteht dieses Evangelium selbst wahrscheinlich aus Berichten, die um einige Jahrzehnte älter sind. Da es sicherlich älter ist als die anderen Evangelien im Neuen Testament, soll es hier zuerst betrachtet werden.

Das Evangelium nach Markus handelt vom Wirken Jesu, von seinem Sterben und vom leeren Grab.[2] Zu den letzten Dingen, die Jesus vor der Kreuzigung tat, gehörte, dass er seine Jünger bat, ein Mahl vorzubereiten, das er gemeinsam mit ihnen einnehmen wollte (Markus 14,12–16). Dieses sollte ein Passamahl sein, denn die Passion Jesu ereignete sich zur Zeit des Passafestes und des Festes der Ungesäuerten Brote. Was hatte es mit diesen Festen auf sich? Diese Frage ist durchaus von Bedeutung dafür, wie das Abendmahl zu verstehen ist. Deshalb gehen wir ihr im nächsten Kapitel ausführlicher nach. Hier möchte ich nur erwähnen: Das Passa war ein altes jüdisches Volksfest, bei dem gut gegessen und getrunken wurde. Im Anschluss an ein solches Passamahl also lesen wir im Evangelium des Markus:

"Und als sie (Jesus und seine Jünger) aßen, nahm er Brot und brach es, nachdem er den Segen gesprochen hatte, und gab es ihnen und sagte: Nehmet; das ist mein Leib. Und er nahm einen Kelch und gab ihnen den, nachdem er das Dankgebet gesprochen hatte, und sie tranken alle daraus. Und er sagte zu ihnen: Das ist mein Blut des Bundes, das vergossen ist für viele. Wahrlich, ich sage euch, dass ich nicht mehr trinken werde vom Gewächs des Weinstocks bis zu dem Tag, an dem ich von neuem davon trinke im Reich Gottes" (Markus 14,22–25).[3]

Dieser Text dürfte denen unter Ihnen, die an kirchlichen Abendmahlsfeiern teilnehmen, mehr oder weniger bekannt vorkommen. Vielleicht ist Ihnen aber aufgefallen, dass er von den Worten, die der Pastor, die Pastorin oder der Priester bei der Abendmahlsliturgie spricht, hier und da abweicht. Das liegt daran, dass die verschiedenen neutestamentlichen Berichte zum Abendmahl ihrerseits Unterschiede aufweisen. Solche Unterschiede möchte ich im Folgenden ansatzweise darstellen und erläutern. Für die Gottesdienste unserer christlichen Kirchen sind diese unterschiedlichen Versionen in jeweils verschiedene, aber in der Regel innerhalb einer kirchlichen Konfession gleichbleibende Formen zusammengefasst worden. Allerdings sind die so entstandenen Texte meist mit keiner Abendmahlspassage im Neuen Testament völlig identisch.

In der Erzählung in Markus 14 reichte Jesus seinen Jüngern Brot und einen Kelch mit Wein. Da sind auch die Worte, die Jesus über dem Brot und dem Kelch sprach. Sie werden in der Kirche heute Deuteworte genannt. Erst durch sie kamen die Jünger – und viele Menschen, die nach ihnen das Abendmahl gefeiert haben – nämlich auf die Idee, dass Brot und Kelch etwas Besonderes be-*deuten* könnten, dass es also um mehr als nur Essen und Trinken geht. Solche deutenden Worte, die Essen mit der Erinnerung an Rettung verbinden, waren vom Passafest der Juden her bekannt. Jesus bot nun seine eigene Deutung: "Nehmet; das ist mein Leib", sagte er bei der Verteilung des Brotes. Das ist sehr knapp. Und nach dem Trinken des Weins sagte er: "Das ist mein Blut des Bundes, das vergossen ist für viele".

Ist eigentlich klar, was Jesus mit diesen wenigen Worten gemeint hat? Versteht es sich beispielsweise von selbst, wenn jemand beim Verteilen von Brot und beim Herumreichen eines Kelches mit Wein zu den Empfängern plötzlich sagt, das sei sein eigener Leib und sein eigenes Blut? Bitte beachten Sie: Jesus ist ja noch leibhaftig bei seinen Jüngern!

Wie kam Jesus also auf die Idee, Wein in einem Kelch sein "Blut" zu nennen? Die Vorstellung, dass Wein Blut repräsentiert oder ersetzt, war im frühen Judentum durchaus geläufig. Es gab damals für den *Saft* von Trauben den Ausdruck

"*Blut* von Trauben" (Genesis 49,11; Deuteronomium 32,14).[4] Das Wort "Blut" ersetzt bzw. steht hier also für das Wort "Saft". Wein und Blut sehen sich ja – vorausgesetzt es handelt sich um Rotwein – in der Tat äußerlich ähnlich, denn beide sind flüssig und haben in etwa dieselbe Farbe. Das bedeutet in den Textpassagen des Alten Testaments aber jeweils nicht, dass sich Saft tatsächlich in Blut verwandelt hätte. Ferner ist auch die Redewendung "Blut trinken wie Wein" im Alten Testament bekannt (Sacharia 9,15). Wenn Jesus beim Abendmahl also sagte, dass Wein Blut sei, dann bediente er sich einer Ausdrucksweise, die Juden damals vertraut war. Seine Jünger verstanden solche Worte deshalb auf Anhieb.

Interessant ist nun die Frage, wann genau Jesus das Deutewort zum Kelch aussprach. Im Text von Markus lasen wir eben: "Und er (Jesus) nahm einen Kelch und gab ihnen den . . ., und sie tranken alle daraus. Und er sagte zu ihnen: Das ist mein Blut des Bundes . . ." (Markus 14,23–24). Durch diese Reihenfolge wird klar, dass Jesus das Deutewort zum Kelch aussprach, nachdem er diesen seinen Jüngern gegeben hatte und sie daraus getrunken hatten. Jesus deutete den Kelch mit Wein also nicht vor, sondern *erst nach* dem Trinken.

Übrigens hat Jesus in der Abendmahlsszene nach Markus auch nichts darüber gesagt, was das Essen des Brotes "bewirken" soll. Nur ganz schlicht: "Das ist mein Leib". Und was kann gemeint sein, wenn Jesus zum Kelch mit Wein anmerkte, den seine Junger getrunken hatten: "Das ist mein Blut des Bundes"? Wem von uns sind solche Worte heute noch vertraut – einmal abgesehen davon, dass wir sie evtl. regelmäßig im Gottesdienst hören? Jesus fügte an: Dieses Blut ist "für viele vergossen". Auch diese Worte sind aufgrund ihrer Kürze eher unverständlich – beziehen sie sich etwa eindeutig auf die Vergebung von Sünden? Und wenn dem so ist – warum hieß es ausdrücklich, dass *alle* aus dem Kelch tranken (Markus 14,23), das Blut aber nur für *viele* vergossen sei (V.

24)? Was immer der Unterschied zwischen "alle" und "viele" besagen mag – die Aussage ist eher unklar.

Das, was Jesus mit seinen Deuteworten zu Brot und Wein ansonsten meinte, werden wir später ausführlicher untersuchen.[5] Hier möchte ich vorerst nur darauf aufmerksam machen, dass sich Jesus mit einer Formulierung wie "Blut des Bundes" auf bestimmte Vorstellungen bezog, die den Jüngern und auch anderen Menschen von damals vertraut waren. Heute, immerhin fast 2000 Jahre später, sind diese Worte jedoch nicht mehr allgemein bekannt. Selbst diejenigen unter uns, die davon in der Kirche regelmäßig hören, wissen deswegen noch längst nicht, was genau damit gemeint ist. Deshalb ist es nötig, einiges von dem zu studieren, was Juden damals, vor 2000 Jahren, durch ihre Religion bekannt war. Wir werden also die Welt zur Zeit des Jesus von Nazareth ein wenig besser kennen lernen. Dann werden seine Worte zu Brot und Wein verständlicher werden.

Jesus fügte noch weitere Worte hinzu, die mit seinem bevorstehenden Schicksal zu tun hatten, nämlich: "Wahrlich, ich sage euch, dass ich nicht mehr trinken werde vom Gewächs des Weinstocks bis zu dem Tag, an dem ich von neuem davon trinke im Reich Gottes" (Markus 14,25). Damit deute Jesus an, sein letztes Mahl zu sich zu nehmen. Jesus sah seinem Tod entgegen, weshalb die Atmosphäre ohne Zweifel durch Bestürzung und Trauer geprägt war. Doch nicht nur – Hoffnung war auch spürbar. Immerhin beschloss Jesus seine Aussage mit einem Ausblick auf das Reich Gottes. Dieser Aspekt beinhaltete die deutliche Erwartungshaltung, dass mit dem absehbaren Tod nicht alles vorbei sein würde. Stattdessen rechnete Jesus fest mit einem Leben nach dem Tode in Gottes Gegenwart, was er mit seinen Worten vom "Reich Gottes" umschrieb.

Schließlich lag Spannung in der Luft. Jesus hatte nämlich unmittelbar vor dem Abendmahl angekündigt, dass einer, der mit ihm aß, ihn bald verraten würde (Markus 14,18). *Wer* aber war dieser Verräter? *Wie* würde er Jesus verraten? Konnte Jesus sich vielleicht *noch retten?* All diese drängenden Fragen stellten sich, während Jesus mit seinen Jüngern das Abendmahl beging. Aus den Geschichten der Evangelien wissen wir: Der Verräter würde Judas sein, einer der zwölf Jünger. Die Gefahr kam also nicht nur von den Gegnern, die Jesus nach dem Leben trachteten (Markus 3,1; 14,1–2). Die Gefahr kam auch aus dem Kreis derjenigen, die Jesus täglich umgaben und ihm folgten. Es ging um eine Gefährdung 'von innen'. Damit unterschied sich die Situation, in der Jesus sich befand, von derjenigen, an die die Juden beim Passafest dachten. Da ging es nämlich um die Rettung aus Ägypten, und die Bedrohung kam von den Ägyptern, also 'von außen' bzw. 'von den anderen'. Das Abendmahl war demgemäß nicht einfach nur wie ein Passafest, sondern es ging um Neues.

Was war noch besonders an der Abendmahlsfeier Jesu nach Markus? Aus der Erzählung geht mehrfach hervor, dass Jesus und die Jünger gemeinsam aßen, *während* – und wahrscheinlich *bevor* – das eigentliche Abendmahl begann. "Und als sie zu Tisch lagen *und aßen*,[6] sprach Jesus..." und sagte voraus, dass einer der Jünger ihn verraten würde (Markus 14,18). Das geschah vor dem Abendmahl. Und selbst der erste Satz der eigentlichen Abendmahlspassage lautet: "Und *als sie aßen*, nahm er (Jesus) Brot..." (V. 22). Das bedeutet: Der kurze Ritus mit Brot und Wein, den Christinnen und Christen heute "Abendmahl" nennen, ereignete sich im Kontext eines üppigeren und längeren Mahls, an dem Jesus am Abend vor seinem Tod mit den Jüngern teilnahm. Da nach den Worten zum Kelch (Markus 14,24–25) sofort erzählt wird, dass alle hinaus zum Ölberg gingen (V. 26), markiert der kurze Ritus evtl. auch den Abschluss des üppigen Mahles. Was übrigens bei letzterem gegessen wurde, steht nicht im biblischen

Text. Es könnte sich aber um einen Lammbraten gehandelt haben. Die Jünger hatten nämlich vorher gefragt, wo sie das Passalamm zubereiten sollten (Markus 14,12). Dieses ist dann aller Wahrscheinlichkeit nach am Abend gemeinsam gegessen worden.

Ein weiteres Merkmal der Mahlfeier Jesu war, dass sie nicht am Tempel in Jerusalem oder an einem sonstigen religiösen Ort stattfand. Stattdessen feierte Jesus mit seinen Jüngern in irgendeinem Saal und in irgendeinem Haus (Markus 14,13–14). Das lässt auf ein ganz alltägliches Umfeld schließen. Man könnte sagen: Das "passt" zu Jesus. Er wird nämlich in den Evangelien nie als Anhänger einer der damals bekannten Gruppen des Judentums bezeichnet. Er teilte zwar mit den Pharisäern die Ansicht über die Auferstehung von den Toten, war aber selbst kein Pharisäer. Er zog sich zwar auch einmal in die Wüste zurück (Matthäus 4,1–2; Markus 1,12–13), lebte dort aber nicht andauernd wie die jüdische Gemeinschaft in Qumran.[7] Er forderte den Mann, den er von einer Hautkrankheit geheilt hatte, auf, am Tempel die vorgeschriebenen Opfer darzubringen (Markus 1,40–45). Er war aber kein Priester.

Dazu "passt" ferner, dass Jesus Menschen als seine Jünger gerufen hat, die ebenfalls nicht als religiöse Experten bekannt waren. Die Evangelien berichten, dass sie als Fischer am Galiläischen Meer (Markus 1,16–20) und als Zöllner (Markus 2,13–17) gearbeitet hatten. Von den "offiziellen Vertretern" der damaligen Religion, nämlich den Schriftgelehrten und Pharisäern, wurde Jesus deswegen kritisiert. Sie hielten einige aus seinem Gefolge nämlich für Sünder (Matthäus 9,11–13; Markus 2,16–17; Lukas 5,30).[8] Jesus und seine Jünger bewegten sich also in auffälliger Weise abseits von Vertretern und Orten der etablierten Religion seiner Zeit. Und auch das Abendmahl mit Brot und Wein, das Jesus am Ende des Passamahls einsetzte, "passte" dazu: Es hatte kein umfangreiches oder ausgefeiltes Ritual, und so, wie es in den Texten des Neuen Testaments überliefert ist, entsprach es keinem der religiösen Bräuche seiner Zeit vollständig.

*Ergebnis*: Nach dem ältesten Evangelium im Neuen Testament nahm Jesus ein wohl längeres Passamahl mit seinen Jüngern am Abend vor seinem Tod ein. Im Rahmen dieses Mahls, und evtl. zu dessen Abschluss, stiftete er einen kurzen Mahlritus mit Brot und einem Kelch mit Wein. Wenn wir heute vom "Abendmahl" Jesu reden, meinen wir meist diesen kurzen Mahlritus. Dabei sprach Jesus damals so genannte Deuteworte. Sie vermitteln, dass die Verteilung von Brot und Wein etwas Besonderes darstellt: Erstens repräsentieren Brot und Wein den Leib und das Blut Jesu. Zweitens bezeichnet Jesus dieses "Blut" als "Blut des Bundes". Interessant ist dabei, dass er die diesbezügliche Deutung erst im Anschluss an das Trinken gibt. Die Feier dieses Abendmahls geschieht außerdem in gespannter und trauriger Atmosphäre, da Jesus seinen Verrat ebenso erwartet wie die Passion und den Tod. Allerdings bringt er zugleich die Hoffnung zum Ausdruck, nach seinem Tode im Reich Gottes zu sein.

## Das Abendmahl im Evangelium nach Matthäus

Das Evangelium nach Matthäus ist in der Abfolge der Bücher des Neuen Testaments das allererste. Es wurde aber vermutlich ungefähr 15 bis 20 Jahre später als das Evangelium nach Markus geschrieben, nämlich in den Jahren 85–90 n. Chr. Vieles von dem, was bei Matthäus über Jesus erzählt wird, stimmt mit den Informationen nach Markus überein. Viele Bibelwissenschaftler vermuten deshalb, dass das Matthäusevangelium einen Großteil seines Inhalts mehr oder weniger direkt aus dem Markusevangelium übernommen hat. Dieser Inhalt ist dann vor allem mit Reden und Predigten von

Jesus, die in einer anderen Quelle überliefert worden waren, verbunden worden. So ist das manchmal etwas knappe Bild, das im Markusevangelium von Jesus gezeichnet worden ist, im Evangelium nach Matthäus um einiges anschaulicher.

Auch im Matthäusevangelium wird vom Abendmahl berichtet. Die Passage lautet folgendermaßen:

> "Als sie aber aßen, nahm Jesus Brot und brach es, nachdem er den Segen gesprochen hatte, und sagte, während er es den Jüngern gab: Nehmet, esset; das ist mein Leib. Und er nahm einen Kelch und gab ihnen den, nachdem er das Dankgebet gesprochen hatte, und sagte: Trinket alle daraus, denn das ist mein Blut des Bundes, das für viele vergossen ist zur Vergebung der Sünden. Ich sage euch: Ich werde von nun an nicht mehr von diesem Gewächs des Weinstocks trinken bis zu dem Tag, an dem ich von neuem davon trinke mit euch im Reich meines Vaters" (Matthäus 26,26–29).

Sie merken sicherlich: Dieser Abschnitt ähnelt dem im Markusevangelium, den wir gerade behandelt haben. Beide sind aber nicht identisch. Welche Unterschiede fallen Ihnen auf? Wie wäre es, wenn Sie die Differenzen zwischen den Erzählungen des Abendmahls nach Matthäus und Markus einfach einmal unterstreichen oder farbig markieren würden?

Die wichtigsten Unterschiede zwischen beiden Evangelien folgen alle einem bestimmten Schema. Erstens fügt Matthäus nach dem "nehmet" eine weitere Aufforderung ein: "esset" (Matthäus 26,26). Zweitens sagt im Matthäusevangelium Jesus, während er den Jüngern den Kelch reicht: "Trinket alle daraus" (V. 27). Im Markusevangelium sind die entsprechenden Worte erzählender Natur: ". . . und sie tranken alle daraus" (Markus 14,23). Inhaltlich sind beide Sätze also vergleichbar. Bei Markus fehlte allerdings eine eigentliche Aufforderung zum Trinken vollständig. Sie ist hier in Analogie zu der vorhergehenden Aufforderung "esset" (Matthäus 26,26) gestaltet. Und drittens sind die Worte "Trinket alle daraus" nun mit dem Deutewort zum Kelch unmittelbar verbunden. Da also die Aufforderung zum Trinken des Weines und die interpretierende Erklärung gleichzeitig ergehen, ist das Deutewort nun zeitlich nicht mehr im Anschluss an das Trinken anzusetzen, wie das bei Markus der Fall war (siehe oben S. 15). Vielmehr ergeht die Deutung jetzt, *bevor* oder *während* die Jünger den Wein trinken.

Viertens wird im Matthäusevangelium an die Worte "das ist mein Blut des Bundes, das für viele vergossen ist" noch angefügt: "zur Vergebung der Sünden" (V. 28). Wenn also nach dem Markusevangelium noch nicht ganz deutlich war, was das Trinken des Weins eigentlich bewirkte, dann bringt das Matthäusevangelium diesbezüglich Klarheit. Allerdings hatte ich oben zu Markus 14,23–24 angemerkt, dass *alle* aus dem Kelch tranken, Jesus aber sagte, dass sein Blut für *viele* vergossen sei. Dieselbe Beobachtung gilt nun für Matthäus 26,27–28. Ist die "Vergebung der Sünden" also nicht für alle Jünger? Ist vielleicht Judas Iskariot, einer der zwölf Jünger, von der Vergebung ausgeschlossen, weil er später Jesus verraten würde (Markus 14,44–46; Matthäus 26,48–50)? Darum geht es jedoch nicht. Die Wortwahl ist vielmehr durch ein früheres Selbstzeugnis Jesu bestimmt. Nach Matthäus 20,28 (und ebenso nach Markus 10,45) sagte er nämlich, dass "der Menschensohn nicht gekommen ist, dass er sich dienen lasse, sondern dass er diene und sein Leben als Lösegeld für viele gebe". Jesus bezog sich beim Abendmahl wohl auf diese Schlüsselaussage über seine eigene Mission. Im übrigen bedeutet das griechische Wort "viele" eher "sehr viele", stellt also keinen nennenswerten Kontrast zu "alle" dar. Diese Worte schränken folglich die Sündenvergebung durch das Abendmahl Jesu in keiner Weise ein.

Endlich fügt Matthäus auch einige Worte in den

abschließenden Ausblick ein, in dem Jesus seine Trauer angesichts seines bevorstehenden Todes und seine Hoffnung, danach im Reich Gottes zu sein, zusammenfasst. Jesus sagt in diesem Evangelium nämlich, dass er erwartet, "mit euch", also mit seinen Jüngern, im Reich des Vaters Wein zu trinken (Matthäus 26,29). Wenn bei Markus im Bezug auf die Jünger eher der Abschied betont war, so steht nun die Zuversicht im Vordergrund, im Jenseits mit ihnen wieder vereint zu sein und gemeinsam feiern zu können.

Überblicken wir diese Änderungen, dann sind folgende Tendenzen zu beobachten: Matthäus ergänzt den älteren Text aus dem Markusevangelium, um manchen Aussagen größere Klarheit zu verleihen (er fügt in Matthäus 26,26 ferner "Jesus" ein). Er verstärkt auch den appellativen Charakter der Worte Jesu, indem er die Aufforderungen "esset" und "trinket" einfügt.

*Ergebnis*: Das Matthäusevangelium übernimmt weitgehend den Bericht zum Abendmahl aus dem Markusevangelium. Geringfügige Änderungen, so etwa die Aufforderungen zum Essen und Trinken von Brot und Wein, sollen einzelne Handlungen noch klarer werden lassen. Auch wird explizit zum Ausdruck gebracht, dass das Trinken des Kelches zur "Vergebung der Sünden" dient. Insbesondere verbindet das Matthäusevangelium die Aufforderung zum Trinken des Weins mit dem diesbezüglichen Deutewort, sodass dieses nun zeitlich vor oder bei dem Weintrinken anzusetzen ist.

### Das Abendmahl im Evangelium nach Lukas

Das Evangelium nach Lukas wurde vermutlich zur gleichen Zeit wie das Matthäusevangelium geschrieben, also um 85–90 n. Chr. Waren wir beim Matthäusevangelium noch auf Vermutungen angewiesen, ob der Inhalt vielleicht von einer anderen, kürzeren Quelle übernommen worden war, so ist das hier anders: Lukas macht ausdrücklich Angaben darüber, woher er seine Informationen bezogen hat (siehe unten S. 24).

Auch im Lukasevangelium gehört die Abendmahls-Passage zur Passionsgeschichte von Jesus. Bitte lesen Sie die nachfolgende Abendmahls-Szene aufmerksam durch. Diejenigen, die sich noch gut an die entsprechenden Szenen in den Evangelien nach Markus und Matthäus – oder an die Abendmahlsfeier in ihrer eigenen Kirche – erinnern, werden überrascht sein.

"Und er (Jesus) sagte zu ihnen (den Jüngern): Ich habe mich sehr danach gesehnt, dieses Passa mit euch zu essen, ehe ich leide. Denn ich sage euch, dass ich es nicht mehr essen werde, bis es erfüllt wird im Reich Gottes. Und nachdem er einen Kelch genommen und das Dankgebet gesprochen hatte, sagte er: Nehmet diesen und verteilt ihn unter euch; denn ich sage euch: Ich werde von nun an nicht trinken von dem Gewächs des Weinstocks, bis das Reich Gottes kommt. Und nachdem er Brot genommen und das Dankgebet gesprochen hatte, brach er es und gab es ihnen, indem er sagte: Das ist mein Leib, der für euch gegeben ist; das tut zu meinem Gedächtnis. Ebenso auch den Kelch nach dem Mahl, indem er sagte: Dieser Kelch ist der neue Bund in meinem Blut, das für euch vergossen ist" (Lukas 22,15–20).

Bei Lukas liegt in der Tat statt des üblichen Schemas *Brot – Kelch* die Abfolge *Kelch – Brot – Kelch* vor. Der Kelch kommt also zweimal vor. Dabei sind die Informationen, die wir bisher in Verbindung mit dem Kelch kennen gelernt haben, auf den ersten und zweiten Kelch verteilt: Die Erwähnung eines Dankgebets, die Aufforderung "nehmet diesen", die 'Verteilung' sowie die Bemerkung, dass dieses das letzte Mahl

## HISTORIE UND HINTERGRÜNDE:

### Die Quellen des Lukasevangeliums

Der Verfasser dieses Berichts über Jesus gibt gleich am Anfang in ebenso ehrlicher wie nüchterner Weise zu, dass zu seinem Thema schon andere Berichte vorliegen und dass er diese verwendet hat. Er schämt sich offensichtlich nicht, auf diese Tatsache hinzuweisen. Er weiß, dass damit sein eigener Bericht an Glaubwürdigkeit gewinnt. Deshalb beginnt er mit den Worten:

"Viele haben es schon unternommen, Bericht zu geben von den Ereignissen, die unter uns geschehen sind, wie diejenigen uns das überliefert haben, die es von Anfang an selbst gesehen haben und Diener des Wortes gewesen sind. So habe auch ich es für gut gehalten, nachdem ich alles von Anfang an sorgfältig erkundet habe, es für dich, sehr verehrter Theophilus, in guter Ordnung aufzuschreiben, damit du den sicheren Grund der Lehre erfährst, in der du unterrichtet bist" (Lukas 1,1–4).

Lukas gibt hier auch ganz unbefangen zu, Jesus nicht selbst gekannt zu haben. Deshalb hat er Augenzeugen befragt, also Menschen, die Jesus selbst begegnet waren oder ihm sogar nahe gestanden hatten. Außerdem hat er eifrig recherchiert; dazu hat er ebenso wie Matthäus das Evangelium nach Markus gelesen. Dann erzählt er seine Geschichte von Jesus. Er verwendet ebenfalls umfangreiche Abschnitte des Markusevangeliums und verbindet sie mit Informationen aus anderen Quellen über Jesus, so vor allem Reden.

ist, erscheinen beim ersten Kelch. Das eigentliche Deutewort fehlt hier jedoch. Es folgt erst beim "Kelch nach dem Mahl" (Lukas 22,20) und lässt darauf schließen, dass es – wie schon bei Matthäus – zeitlich vor oder bei dem Weintrinken anzusetzen ist. Es unterscheidet sich demgegenüber von den Deuteworten bei Markus und Matthäus, da hier erstmals von einem *neuen* Bund die Rede ist.

Die Abfolge *Kelch – Brot – Kelch* könnte sich deswegen erklären, weil im Evangelium nach Lukas das Passafest stärker als in den anderen Evangelien betont wird. Das ist bereits am Anfang des Mahls deutlich, wenn Jesus sagt, er wolle "das Passa" (Lukas 22,15) mit seinen Jüngern essen, womit das Passalamm gemeint ist (V. 7). Tatsächlich wurden beim jüdischen Passafest mehrfach Weinbecher herumgereicht und getrunken. Außerdem lässt sich von daher erklären, warum Lukas bei der Verteilung des Brotes die Bemerkung einfügte: "Das tut zu meinem Gedächtnis" (22,19). Das Gedächtnis oder die Erinnerung an vergangene Rettung war nämlich beim jüdischen Passafest wesentlich; das wird später noch näher ausgeführt.

Mit dieser eigenwilligen Abfolge unterscheidet sich der Abendmahlsbericht bei Lukas offensichtlich von denen in anderen Evangelien. Dazu kommen noch weitere Unterschiede. Um beim Brot anzufangen: Erinnern Sie sich, dass in Markus 14,22 keinerlei Aussage dazu gemacht wurde, was das Essen des Brotes "bewirken" sollte? Es hieß dort genau wie in Matthäus 26,26 nur: "Das ist mein Leib". In Lukas 22,19 erscheint nun erstmals der Zusatz ". . . der für euch gegeben ist". Er ist parallel zu dem Zusatz nach dem Kelch gestaltet, der in V. 20 lautet: "das für euch vergossen ist". Hier besteht allerdings ein weiterer Unterschied zu den anderen Evangelien, denn in Markus 14,24 lautete die entsprechende Wendung: ". . . das vergossen ist für viele" (und in Matthäus 26,28: "das für viele vergossen ist zur Vergebung der Sünden"). Lukas hatte sich mit "für euch" für eine Formulierung entschieden, die etwas leichter zu verstehen war. Klar ist nämlich, dass sich "für euch" konkret auf alle Jünger bezog, mit denen Jesus das Abendmahl feierte.

Im Evangelium nach Lukas kommt dieser besondere Ritus allerdings noch einmal vor. Unmittelbar nach dem Bericht der Frauen über die wundersame Auferstehung Jesu, den die männlichen Jünger zurückwiesen (Lukas 24,1–12), findet sich die Erzählung von den Emmausjüngern (Lukas 24,13–35). Zwei der Jünger von Jesus waren auf dem Weg in das Dorf Emmaus und unterhielten sich über die Ereignisse, die sich vor kurzem zugetragen hatten. Da gesellte sich Jesus zu ihnen, ohne jedoch von ihnen erkannt zu werden. Die Jünger erzählten ihm von den Begebenheiten, einschließlich dem Zeugnis der Frauen, dass Jesus angeblich wieder lebendig sei. Da nannte Jesus die Jünger "Toren", weil sie nicht an die Worte der Propheten geglaubt hätten (V. 25). Die beiden Jünger erkannten ihn aber noch immer nicht, luden ihn allerdings ein, am Abend mit ihnen zu essen. Dann schreibt Lukas: "Und es geschah, als er mit ihnen zu Tisch lag, nahm er das Brot, segnete und brach es und gab es ihnen. Da wurden ihre Augen geöffnet und sie erkannten ihn" (V. 30–31).

Bemerkenswert ist hier zunächst, dass nach Lukas im wahrsten Sinn des Wortes ein zweiter Abendmahls-Ritus stattfindet, und erst aufgrund der so charakteristischen Handlung mit Brot wird Jesus als der erkannt, der er ist. Liegt das daran, dass Lukas zufolge Jesus beim 'ersten Abendmahl' während des Brotbrechens sagte: "Das ist mein Leib, der für euch gegeben ist; das tut zu meinem Gedächtnis"? (Lukas 22,19) Dann hätten die beiden Jünger genau das getan und beim Brotbrechen an ihn gedacht. Später werde ich darstellen, dass diese Handlung hohen Symbolwert für die gesamte Mission Jesu hat. Jedenfalls kehrten die Jünger von Emmaus nach Jerusalem zurück, um zu verkünden, dass Jesus auferweckt worden ist. Bemerkenswert ist an dieser Erzählung zweitens, dass die beiden Weinkelche, die für den 'ersten' Abendmahlsbericht des Lukas so typisch sind, hier überhaupt nicht erwähnt werden. Auch das mag mit dem zu tun haben, was Jesus damals sagte, dass er nämlich keinen Wein mehr trinken werde, bis das Reich Gottes kommt (Lukas 22,18).

*Ergebnis:* Die Version des Abendmahls im Lukasevangelium fällt vor allem durch die ungewöhnliche Abfolge *Kelch – Brot – Kelch* auf. Sie könnte ebenso auf das Passafest zurückgehen wie das Stichwort "Gedächtnis", das hier erstmals und nur beim Verteilen des Brots erscheint. Zusätzlich werden im Lukasevangelium manche Formulierungen bei den Deuteworten einander angeglichen. Nur bei Lukas findet sich die Erzählung von den beiden Emmausjüngern, zu denen sich der auferstandene Jesus gesellt, um ein Abendmahl zu feiern. Die Emmausjünger erkennen Jesus erst beim Brotritus, der sich so als charakteristische Handlung mit hohem Symbolwert für die gesamte Mission Jesu ausweist.

## Das Abendmahl nach dem ersten Brief des Paulus an die Korinther

In der Abfolge der Schriften des Neuen Testaments begegnen die ersten Informationen über das Abendmahl im Evangelium nach Matthäus (26,26–29) und danach im Evangelium nach Markus (14,22–25). Ich hatte erwähnt, dass das Markusevangelium vermutlich von beiden das ältere ist – es stammt in etwa aus dem Jahr 70 n. Chr. Matthäus schrieb circa im Jahre 85–90, und Lukas auch. Hätten wir jedoch mit den ältesten Informationen zum Abendmahl im gesamten Neuen Testament begonnen, dann hätten wir einige Passagen im ersten Brief des Paulus an die Gemeinde in Korinth gelesen.
Die ältesten Texte des Neuen Testaments stammen vom

Apostel Paulus. Schon im Jahre 50 n. Chr. hatte er einen
ersten Brief an die Gemeinde der Thessalonicher (im heutigen
Thessaloniki in Griechenland) geschrieben – das ist vermutlich
der älteste Text im Neuen Testament! Danach folgten weitere
Briefe an andere Gemeinden. Dazu gehörte auch der erste
Korintherbrief, den Paulus ungefähr im Zeitraum 54–56 n.
Chr. von Ephesus aus geschrieben hatte.

Der Anlass zu diesem Brief waren Mitteilungen aus der
Gemeinde in Korinth, die Paulus Sorgen bereiteten. "Denn es
ist mir bekannt geworden über euch, liebe Schwestern und
Brüder, durch die (Leute) der Chloë, dass Streit unter euch
ist" (1 Korinther 1,11). Paulus wollte seinen alten Freunden
gern helfen. Deshalb hatte er vor diesem Brief schon einen
früheren geschrieben, wie aus einem beiläufigen Satz in
diesem Schreiben hervorgeht (1 Korinther 5,9). Der "erste"
Korintherbrief im Neuen Testament ist also eigentlich der
zweite. Allerdings wurde der noch ältere Brief des Paulus
nicht überliefert und ging verloren.

Was für Probleme sind Paulus denn nun aus der Gemeinde
in Korinth gemeldet worden? Dazu müssen wir uns einige
der dortigen historischen Verhältnisse vergegenwärtigen.
Wichtig ist erstens zu wissen, dass in der Antike gut situierte
Leute nicht ständig zu arbeiten hatten. Ihre Aufgabe war vor
allem, andere anzuweisen. Sklaven, Tagelöhner und sonstige
Arbeiter der niedrigen Stände mussten dagegen jeden Tag
lange und hart arbeiten.

Zweitens lassen sich einige Einzelheiten darüber
rekonstruieren, wie Gemeindeversammlungen in Korinth
verliefen. Ich hatte bereits darauf hingewiesen: Aus der
Erzählung bei Markus geht mehrfach hervor, dass Jesus und
seine Jünger aßen, *bevor* der eigentliche Ritus des Abendmahls
mit Brot und Wein begann (siehe oben S. 17). Das Gleiche
gilt auch für Matthäus und Lukas. Paulus stellt sich nun das
Abendmahl ebenfalls als Bestandteil und Abschluss eines

üppigeren und längeren Mahls vor. Was es dabei zu essen gab, wurde von den Teilnehmerinnen und Teilnehmern, die aus den unterschiedlichsten gesellschaftlichen Gruppen stammten, mitgebracht. Diesen Umstand spricht Paulus in seinem Brief an die Korinther ausdrücklich an – allerdings auch, dass sich Probleme ergaben: "Denn ein jeder nimmt beim Essen sein eigenes Mahl hervor und der eine ist hungrig, der andere ist betrunken" (1 Korinther 11,21). Bei den Treffen der christlichen Gemeinde konnten vermutlich die gut situierten Mitglieder, die der Oberschicht angehörten, schon bedeutend früher erscheinen. Natürlich waren sie außerdem in der Lage, wesentlich mehr Essen mitzubringen. Sie konnten sich also satt essen. Sklaven und Tagelöhner verließen demgegenüber ihre Arbeit erst sehr viel später. Da sie ärmer waren, konnten sie entsprechend weniger oder manchmal gar kein Essen mitbringen. Wenn sie endlich zum Gemeindetreffen kamen, war von dem üppigen Mahl oft kaum noch etwas übrig. Dann mussten sie hungern. Ist es da ausreichend, dass doch letztlich alle am anschließenden Abendmahlsritus teilnehmen konnten? Angesichts dieser Situation erinnerte Paulus an das Abendmahl, welches Jesus mit seinen Jüngern gefeiert hatte:

"Denn ich empfing vom Herrn, was ich euch auch überliefert habe, dass der Herr Jesus in der Nacht, in der er ausgeliefert wurde, Brot nahm und brach, nachdem er das Dankgebet gesprochen hatte, und sagte: Das ist mein Leib, der für euch ist; das tut zu meinem Gedächtnis. Ebenso auch den Kelch nach dem Mahl, während er sagte: Dieser Kelch ist der neue Bund in meinem Blut; das tut, sooft ihr trinkt, zu meinem Gedächtnis. Denn sooft ihr dieses Brot esst und den Kelch trinkt, verkündigt ihr den Tod des Herrn, bis er kommt" (1 Korinther 11,23–26).

---

## HISTORIE UND HINTERGRÜNDE:

### Die urchristliche Gemeinde in Korinth

Die Stadt Korinth liegt in Griechenland an der Landenge zwischen Attika und dem Peloponnes. An beiden Seiten dieser Landenge hatte die Stadt jeweils einen Hafen (Kenchreä und Lechäum). Deshalb erlangte Korinth große wirtschaftliche Bedeutung und war ab 27 v. Chr. Hauptstadt der Provinz Achaia. Wie viele andere Hafenstädte war Korinth aber auch wegen seiner Verschwendungssucht und Sittenlosigkeit bekannt.

Die urchristliche Gemeinde in Korinth wurde 50 oder 51 n. Chr. vom Apostel Paulus gegründet. Dann lebte er dort für ca. 18 Monate (Apostelgeschichte 18,1–11). Die Stadt Korinth vereinte Einwanderer aus unterschiedlichen Ländern des Mittelmeerraums ebenso wie aus verschiedenen sozialen Schichten. Deshalb kam es allerdings bald zu Streit innerhalb der Gemeinde und später auch zu einer Krise zwischen den Korinthern und Paulus. Diese Probleme versuchte der Apostel in seinen Briefen an die Korinther beizulegen.

---

Gehen wir diese Passage einmal Satz für Satz durch. Paulus erwähnte zu Beginn, dass er die darin enthaltenen Informationen als Überlieferung "vom Herrn" empfangen hatte. Er meinte damit sicherlich, dass der Abendmahlsritus der christlichen Kirche letztlich auf Jesus selbst zurückgeht. Auch Paulus selbst hatte diese Feier auf dem Wege der Überlieferung kennen gelernt. Das geschah entweder im Weitergeben von Wissen, also von Informationen über das Abendmahl, oder bei gottesdienstlichen Feiern (deren

# Das Abendmahl im Neuen Testament

Abendmahlsliturgie solche Informationen bekanntlich auch vermittelt); evtl. geschah es auch durch eine Kombination dieser beiden Möglichkeiten.

Dann fuhr Paulus fort: "in der Nacht, in der er (Jesus) ausgeliefert wurde ..." (1 Korinther 11,23). Ein entsprechender Satz fehlt in den Texten der drei Evangelien, die wir bisher studiert haben. Paulus erwähnte das Abendmahl allerdings nicht als Teil einer fortlaufenden Erzählung über Jesus, wie das diese Evangelien tun. Vielmehr behandelte er eben noch Probleme, die den Christen in Korinth das Leben schwer machten. Und nun sprach er plötzlich vom Abendmahl und von Jesus. Wir merken aber, dass das Abendmahl wie bereits in den Evangelien mit der Passion zu tun hatte. Paulus erwähnte nämlich die Nacht des Verrats. Dann kam er auf den bekannten Ritus mit Brot und Kelch und die Deuteworte zu sprechen. Lediglich das Passafest, bei dem Jesus den Evangelien zufolge das Abendmahl gefeiert hatte, erwähnte er nicht.

Nach der Abendmahls-Passage in 1 Korinther 11,23–26 wechselte Paulus das Thema nicht. Er machte vielmehr einige Äußerungen, die zeigen, dass das Thema Abendmahl äußerst brisant war. Er sprach davon, dass jede Person, die "unwürdig" vom Brot isst und aus dem Kelch trinkt, "schuldig sein wird am Leib und Blut des Herrn" (V. 27). Und damit noch nicht genug! Der Mensch müsse sich selbst prüfen, sagte Paulus gleich anschließend. Wer "den Leib des Herrn nicht achtet", isst und trinkt "sich selbst zum Gericht" (V. 29). Mit diesen entschiedenen Worten hat Paulus bei vielen Christen Schrecken hervorgerufen. Was ist denn damit gemeint, den Leib des Herrn zu achten oder nicht zu achten? Warum hat eine Missachtung derartig bedrohliche Konsequenzen? Geht es darum, dass dieses Brot der Leib von Jesus ist?

Auf die Antwort stoßen wir nicht nur, indem wir im Text

weiter lesen; die Antwort ist bereits vor der eigentlichen Abendmahls-Passage gegeben worden. Paulus verwendete in seinem Brief an die Korinther nämlich wiederholt das Bild vom Leib. So konnte er sagen: "Das Brot, das wir brechen, ist das nicht die Gemeinschaft des Leibes von Christus? Weil ein Brot da ist, sind wir, die vielen, ein einziger Leib, denn wir alle nehmen teil an dem einen einzigen Brot" (1 Korinther 10,16–17). Und im Anschluss an die Abendmahls-Passage sagte Paulus in ähnlicher Weise: "Ihr aber seid der Leib Christi und jeder von euch ein Glied" (12,27).

Es ging Paulus also auch darum, dass Brot und Kelch die Präsenz, oder genauer: die Gemeinschaft von Jesus mit uns Menschen vermitteln. Ebenso wichtig war aber, dass die Mitglieder der Gemeinde in Korinth ihrerseits zusammenhielten und sich als Einheit verstanden. Das wollte Paulus mit der Rede vom Leib Christi ausdrücken. Genau darum geht es außerdem im Abendmahl, und zwar besonders beim "neuen Bund". Was es damit auf sich hat, werden wir später noch sehen.[9] Erwähnt sei jedoch an dieser Stelle bereits: Das Stichwort "Bund" weist darauf hin, dass Menschen miteinander ver-*bund*-en sind. Beim Abendmahl war und ist folglich der Gedanke der Einheit von vielen Menschen zentral. Das Brot als Leib Jesu ist nach 1 Korinther 11,24 "für *euch*", also eine Gruppe von Personen. Es ist weniger für *einzelne* Menschen – niemand sollte allerdings aus diesem Satz herauslesen, dass das Abendmahl heute nicht zu einzelnen alten oder kranken Menschen nach Hause gebracht werden könnte. Die Rede vom Leib Jesu "für *euch*" besagte jedoch: Der Abendmahlsritus war und ist von seinem Wesen her für Menschen, die sich in einer Gemeinde versammelt haben. Und das bedeutet: Im Abendmahl ging es damals – und geht es heute noch immer – nicht um individuelles, sondern um korporatives Heil. Das ist der eigentliche Grund, warum Paulus das Abendmahl in seiner Antwort an die Korinther erwähnte, die mit dem Problem der Spaltung ihrer Gemeinde kämpften. Diejenigen, die am Abendmahl teilnahmen, gehörten nun zusammen! Diese besondere Feier sollte den Korinthern über ihre hausinternen Probleme hinweg helfen.

Jedes Verhalten, das die so begründete Einheit des Leibes Jesu gefährdete, sollte demgegenüber unterbleiben. Dazu gehörte vor allem die Art, wie sich die Korinther bei der Mahlzeit verhielten. Paulus bezog denn auch ausdrücklich Stellung: "Darum, meine lieben Schwestern und Brüder, wenn ihr zusammenkommt, um zu essen, so wartet aufeinander. Hat jemand Hunger, so esse er daheim, damit ihr nicht zum Gericht zusammenkommt" (11,33–34). Im Hintergrund dieser Sätze steht also, wie wir bereits feststellten, dass damals das Abendmahl noch Bestandteil eines umfangreicheren Mahles war, bei dem viele verschiedene Speisen vorhanden waren. Es war Ausdruck der Gemeinschaft bzw. der Verbundenheit, dass alle sich gemeinsam satt essen konnten – zumindest theoretisch. Das "Gericht" (oder die "Verurteilung") und das "unwürdige" Essen bestanden folglich in Verhaltensweisen, welche die Einheit der Gemeinde, nämlich des Leibes Jesu, gefährdeten. Ich könnte auch sagen: Unwürdig genießen hieß, sich so zu verhalten, dass die sozialen und sonstigen Unterschiede in der Gemeinde sichtbar blieben – oder sogar noch weiter betont würden.

Paulus schrieb also vom Abendmahl, um der Gemeinde in Korinth über innere Spaltungen hinweg zu helfen. Als zentrales Thema dieses Briefes ist die Gemeinschaft mit Christus und die Einheit aller in Christus schon ganz am Anfang (1 Korinther 1,9) angekündigt. Dem folgt auch gleich die Erwähnung der Spaltungen (1,10). Die Gemeinschaft der Menschen untereinander hängt demnach von der Gemeinschaft mit Gott ab.

Schließlich möchte ich noch einige weitere Besonderheiten

der Abendmahls-Passage des Paulus ansprechen. Erstens fällt auf, dass der Apostel nirgends erwähnt, dass das Brot gegessen oder der Wein getrunken wurde. Wenn den Evangelien zufolge wenigstens das Deutewort zum Kelch mal nach dem Trinken (Markus 14,23–24), mal davor gesprochen wurde (bei Matthäus und Lukas), dann gehen solche detaillierten Informationen aus dem Brief des Paulus nicht hervor, eben weil das eigentliche Essen und Trinken unerwähnt bleiben.

Zweitens folgt nach den Deuteworten zu Brot und Kelch jeweils die in etwa gleich bleibende Bemerkung: "Das tut zu meinem Gedächtnis" (1 Korinther 11,24 und 25). Paulus betonte also in besonderer Weise, dass diejenigen, die gemeinsam Brot aßen und aus dem Kelch tranken, an Jesus und die Geschichte seines Lebens denken sollten. Das war hier nötig, denn Paulus erwähnte, wie gesagt, das Abendmahl nicht im Rahmen einer fortlaufenden Erzählung über Jesus. Vielmehr sprach er inmitten von Ratschlägen zum Problem der Gemeindespaltung in Korinth plötzlich davon. Es schien ihm aber dennoch wichtig zu sein, dass sich die Teilnehmer am Abendmahl die Geschichte von Jesus vergegenwärtigten. Ohne Jesus war und ist ein Abendmahl eben kein Abendmahl! Auch dieser Gedanke wird später noch gesondert aufgenommen.[10]

Und drittens ist der Satz, in dem Jesus das Abendmahl jeweils mit seinem Tod in Verbindung brachte und gleichzeitig seiner Hoffnung Ausdruck verlieh, danach im "Reich Gottes" zu sein, verändert. Während in den drei bisher studierten Evangelien jeweils nur das Trinken des Weines mit diesem Ausblick verbunden war, so heißt es hier: "Denn sooft ihr dieses Brot esst und den Kelch trinkt..." (1 Korinther 11,26). Dann werden wieder sowohl der bevorstehende Tod als auch das Leben danach angesprochen. Allerdings geschieht letzteres nicht anhand eines Ausblickes auf das

34

Reich Gottes, sondern durch die Aussage, dass Jesus wiederkommen wird.

*Ergebnis*: Der älteste Text des Neuen Testaments zum Abendmahl stammt von Paulus. In 1 Korinther 11,23–26 erwähnt der Apostel das Abendmahl, um der Gemeinde in Korinth über interne Spaltungen hinweg zu helfen. Menschen sollen durch die Feier des Abendmahls vereint werden (korporatives Heil). Die vielen werden so zu einem einzigen "Leib Christi". Unwürdig und "sich selbst zum Gericht" essen demgegenüber diejenigen das Abendmahl, die in Gemeindeversammlungen sozial Schwächere ausgrenzen oder diskriminieren. Ferner erfährt in diesem Text des ersten Korintherbriefs die Erinnerung an die Person und Geschichte Jesu eine besondere Betonung, da entsprechende Aufforderungen sowohl mit dem Deutewort zum Brot als auch mit dem zum Kelch verbunden sind. Im Gegensatz zu den Evangelien erwähnt Paulus schließlich, dass diese beiden liturgischen Handlungen der Verkündigung von Jesu Tod und Wiederkunft dienen.

## Zwischenstand: Zentrale Texte zum Abendmahl im Neuen Testament im Vergleich

Die vier Texte im Neuen Testament, die das Abendmahl Jesu beschreiben, sollen hier in Auszügen übersichtlich nebeneinander gestellt werden. Ich ordne die Texte nach ihrem Alter an, beginnend mit dem ersten Korintherbrief:

## Übersicht 1:
## Zentrale Texte zum Abendmahl im Neuen Testament

| 1 Korinther 11,23–26 (54–56 n. Chr.) | Markus 14,22–25 (ca. 70 n. Chr.) | Matthäus 26,26–29 (ca. 85 n. Chr.) | Lukas 22,15–20 (ca. 85 n. Chr.) |
|---|---|---|---|
| ——— | ——— | ——— | *Passa:* "Denn ich sage euch, dass ich es nicht mehr essen werde, bis es erfüllt wird im Reich Gottes". *1. Kelch:* "Denn ich sage euch: ich werde von nun an nicht trinken von dem Gewächs des Weinstocks, bis das Reich Gottes kommt". |

# Das Abendmahl im Neuen Testament

| 1 Korinther 11,23–26 (54–56 n. Chr.) | Markus 14,22–25 (ca. 70 n. Chr.) | Matthäus 26,26–29 (ca. 85 n. Chr.) | Lukas 22,15–20 (ca. 85 n. Chr.) |
|---|---|---|---|
| *Brot:* Der Herr Jesus . . . nahm Brot . . . "Das ist mein Leib, der für euch ist". | *Brot:* "Nehmet; das ist mein Leib". | *Brot:* "Nehmet esset; das ist mein Leib". | *Brot:* Und er nahm Brot, . . . "Das ist mein Leib, der für euch gegeben ist". |
| "Das tut zu meinem Gedächtnis". | ——— | ——— | "Das tut zu meinem Gedächtnis". |
| *Kelch:* "Dieser Kelch ist der neue Bund in meinem Blut". | *Kelch:* . . . und sie tranken alle daraus. "Das ist mein Blut des Bundes, das vergossen ist für viele". | *Kelch:* "Trinket alle daraus, denn das ist mein Blut des Bundes, das für viele vergossen ist zur Vergebung der Sünden". | *2. Kelch:* "Dieser Kelch ist der neue Bund in meinem Blut, das für euch vergossen ist". |

Wie ein Mahl Welten bewegt

| 1 Korinther 11,23–26 (54–56 n. Chr.) | Markus 14,22–25 (ca. 70 n. Chr.) | Matthäus 26,26–29 (ca. 85 n. Chr.) | Lukas 22,15–20 (ca. 85 n. Chr.) |
|---|---|---|---|
| "Das tut, sooft ihr trinkt, zu meinem Gedächtnis". | ——— | ——— | ——— |
| "Denn sooft ihr dieses Brot esst und den Kelch trinkt, verkündigt ihr den Tod des Herrn, bis er kommt". | "Wahrlich, ich sage euch, dass ich nicht mehr trinken werde vom Gewächs des Weinstocks bis zu dem Tag, an dem ich von neuem davon trinke im Reich Gottes". | "Ich sage euch: Ich werde von nun an nicht mehr von diesem Gewächs des Weinstocks trinken bis zu dem Tag, an dem ich von neuem davon trinke mit euch im Reich meines Vaters". | *(vorangestellt; siehe oben)* |

An diesen Texten des Neuen Testaments orientieren sich, wie gesagt, die konkreten Einsetzungsworte der Abendmahlsliturgien, die heute in unseren Kirchen verwendet werden. Da sie sich aber voneinander unterscheiden, sind unsere kirchlichen Abendmahlsliturgien in der Regel mit keinem biblischen Text völlig deckungsgleich. Sie können als Zusammenfassungen (oder Synthesen) dieser Texte verstanden werden.

## Das Abendmahl im Evangelium nach Johannes

Im Neuen Testament gibt es neben den bisher besprochenen Passagen noch weitere Texte, die auch vom Abendmahl handeln. Sie tun das aber in anderer Weise. So fällt auf, dass das Evangelium nach Johannes (ca. 90–95 n. Chr.) zwar die Geschichte von Jesus erzählt. Dazu gehören natürlich auch die Passion und Kreuzigung – Johannes erwähnt dabei allerdings kein Abendmahl. Stattdessen handelt Johannes 6,1–15 davon, dass Jesus und seine Jünger kurz vor dem Passafest auf einen Berg gingen, und viele Menschen – etwa fünftausend Männer – folgten ihnen. Es war nicht genug zu essen da; nur ein Kind hatte fünf Gerstenbrote und zwei Fische. Jesus nahm die Brote und gab sie, nachdem er das Dankgebet gesprochen hatte, denen, die sich um ihn gelagert hatten. Erwähnt sei, dass das griechische Verb für das Sprechen des Dankgebets *eucharizein* ist, von dem das Wort "Eucharistie" abgeleitet ist. In der Erzählung wurden alle Menschen satt, und es blieben noch zwölf Körbe mit Brocken übrig.

Bei Nacht ging Jesus dann auf wundersame Weise über den See (V. 16–21). Am nächsten Morgen folgten die Menschen Jesus erneut und fanden ihn in einer Synagoge in Kapernaum. Dort sagte Jesus zu ihnen: "Ihr sucht mich nicht, weil ihr Zeichen gesehen habt, sondern weil ihr von dem Brot gegessen habt und satt geworden seid" (V. 26). Dann hielt er eine lange Rede, in der er gleich zweimal von sich selbst sagte, dass er das Brot des Lebens sei (V. 35 und 48). Jesus fuhr fort:

"Ich bin das lebendige Brot, das aus dem Himmel herabgekommen ist. Wer von diesem Brot isst, wird leben in Ewigkeit. Und das Brot, das ich geben werde, ist mein Fleisch für das Leben der Welt. Da stritten die Juden untereinander und sagten: Wie kann dieser uns sein Fleisch zu essen geben? Jesus sagte zu ihnen: Wahrlich, wahrlich, ich sage euch: Wenn ihr nicht das Fleisch des Sohnes des Menschen esst und sein Blut trinkt, so habt ihr kein Leben in euch. Wer mein Fleisch kaut und mein Blut trinkt, der hat das ewige Leben, und ich werde ihn am Jüngsten Tage auferwecken" (V. 51–54).

Es ist schwierig, diese Worte nicht als Kommentar zum Abendmahl zu verstehen. Sie enthalten zwar keine Informationen darüber, wie die letzte Abendmahlsfeier Jesu konkret verlief – das haben vor Johannes bereits Markus, Matthäus und Lukas berichtet, wie wir sahen. Diese Worte im Evangelium nach Johannes bieten aber Wichtiges dazu, wie das Essen des "Fleisches" und das Trinken des "Blutes" von Jesus zu verstehen sind. Dabei steht ein offensichtliches Verständnisproblem im Mittelpunkt. Jesus bezeichnete sich als "Brot des Lebens" und "lebendiges Brot". Und er sagte, dass diejenigen ewig leben würden, die davon aßen. Wie aber kann ein lebendiger Mensch gegessen werden? Auch die Antwort, die Jesus gab, hilft eigentlich nicht weiter: Wie ist es möglich, Fleisch und Blut von jemandem zu "kauen" und zu trinken, der leibhaftig vor einem steht?

Um zu verstehen, was diese Worte bedeuten, ist es hilfreich, einige der Kapitel *vor* der Rede von Jesus zu lesen. Auch hier macht Jesus immer wieder Aussagen, die Verständnisproblem bei seinen Hörern hervorrufen. Da ist zum Beispiel die so genannte Tempelreinigung, die nach dem Johannesevangelium zu Beginn des Wirkens Jesu stattfand (Johannes 2,13–25). Hier sprach Jesus von der Zerstörung des Jerusalemer Tempels, vor dem er gerade stand. Und er sprach davon, dass er diesen in drei Tagen wieder aufrichten würde (V. 19). Was Jesus sagte, stieß auch hier auf Unverständnis (V. 20). Um zu erklären, was Jesus mit seinen Worten meinte, wird nun für die Leserinnen und Leser die Bemerkung eingefügt: "Er aber redete von dem Tempel seines Leibes" (V. 21). Jesus benutzte also das Wort "Tempel". Er meinte damit jedoch seinen Leib, und die Zerstörung und das Wiederaufrichten bezogen sich auf seine – noch bevorstehende – Kreuzigung und Auferstehung. Was Jesus sagte, war also *symbolisch* oder *sinnbildlich* zu verstehen. Diejenigen, die seine Worte wörtlich interpretieren wollten, die also dachten, dass das Wort "Tempel" sich auf das echte Gebäude beziehe, vor dem Jesus immerhin stand, verstanden ihn deshalb nicht.

Eine in dieser Hinsicht vergleichbare Szene wird gleich im Anschluss, nämlich in Kapitel 3 erzählt. Nikodemus, ein Pharisäer und Oberer der Juden, besuchte Jesus und stellte ihm Fragen. Jesus antwortete ihm: "Wahrlich, wahrlich, ich sage dir: Wenn jemand nicht von neuem geboren wird, kann er das Reich Gottes nicht sehen. Nikodemus spricht zu ihm: Wie kann ein Mensch geboren werden, wenn er alt ist? Kann er etwa zum zweiten Mal in den Leib seiner Mutter hineingehen und geboren werden?" (Johannes 3,3–4) Auch hier wollte Jesus durch ein Sinnbild, nämlich das der Geburt, etwas erklären. Nikodemus verstand Jesus aber nicht, denn er nahm das wörtlich, was Jesus sinnbildlich meinte. Natürlich kann ein erwachsener Mensch nicht ein zweites Mal geboren werden; das weiß eigentlich jeder. Jesus meinte es aber anders: Er sprach vom Beginn einer neuen, geistlichen Existenz (V. 8), die in der Taufe beginnt (V. 5).

Und als wenn das noch nicht deutlich genug wäre, folgt im vierten Kapitel des Johannesevangeliums noch eine vergleichbare Szene. (Vielleicht könnte man ja sagen, dass sich Johannes damals einer wohlbekannten Technik bediente, die wir heute vor allem aus der Radio- und Fernsehwerbung kennen. Auch hier wird bekanntlich ein Werbespot mehrfach – und manchmal auch mit gewissen Variationen – wiederholt, um sicher zu sein, dass die 'Botschaft' das Publikum erreicht.) Dieses Mal reiste Jesus durch Samarien und traf eine Frau an einem Brunnen. Er sagte ihr, dass er ihr lebendiges Wasser geben könnte (V. 10). Einmal mehr riefen seine Worte jedoch Unverständnis hervor: Die Frau stellte – vielleicht sogar mit etwas Spott – fest, dass Jesus doch keinerlei Schöpflöffel bei sich hatte (V. 11). Aber auch hier war das, was Jesus sagte, nicht wörtlich zu nehmen. Er hatte nicht von tatsächlichem Wasser tief unten im Brunnen gesprochen; das lebendige Wasser war stattdessen ein Sinnbild für die frohe Botschaft, die Jesus brachte und die lebendig machte.

Drei Szenen am Anfang des Johannesevangeliums gleichen sich also in einem bestimmten Gesichtspunkt: Jesus sprach von seinem Leib als Tempel, er sprach davon, dass Erwachsene neu geboren werden müssen, und er sagte, dass er lebendiges Wasser geben könne. Dreimal wurden seine Worte von denjenigen missverstanden, die sie wörtlich nehmen wollten. Dreimal erschloss sich allerdings das, was Jesus meinte, in dem Augenblick, als seine Worte sinnbildlich interpretiert wurden. Wie gesagt, es ist hilfreich, diese Szenen zu berücksichtigen, wenn wir versuchen, die Worte zu verstehen, die Jesus zum Brot des Lebens in Johannes 6 sagte. Hier führte ein wörtliches Verständnis seiner Worte erneut zu einem Missverständnis: Ein Mensch kann normalerweise sein Fleisch anderen gerade nicht wie Brot zum Essen geben. Aber auch hier sind das Kauen des Fleisches und das Trinken des Blutes von Jesus Sinnbilder für etwas anderes. Sie stehen dafür, die Worte, das Leben und die Mission Jesu immer wieder zu studieren und zu meditieren, also im Bilde gesprochen "wiederzukauen". Sie stehen für das, was die christliche Kirche Sonntag für Sonntag in der Predigt tut, wenn die Geschichte von Jesus erzählt und für die Gemeindesituation deutend ausgelegt wird. Dabei kommen Menschen zum Glauben an Jesus. Diese Verbindung zwischen "satt" werden und Glauben wird in Johannes 6,35 tatsächlich ausdrücklich hergestellt: "Jesus aber sprach zu ihnen: Ich bin das Brot des Lebens. Wer zu mir kommt, wird nicht hungern; und wer an mich glaubt, wird nie mehr dürsten". In dieser Art ist Jesus das Brot, das hungrige Menschen nährt. In einer anderen Rede verbindet Jesus außerdem Glauben mit dem Hören auf seine Worte; wer solchen Glauben hat, hat auch ewiges Leben (Johannes 5,24). Schließlich ist darauf hinzuweisen, dass Jesus selbst im Evangelium nach Johannes von Anfang an als Fleisch gewordenes "Wort" (griechisch "*Logos*") bezeichnet wird (1,1–14).

> *Du teilst es aus mit deinen Händen*
> *an uns, das neue Brot,*
> *dass wir das Leben darin fänden,*
> *das überwindet noch den Tod:*
> *Das ist mein Leib, das ist mein Leben,*
> *das bin ich selbst an euch verschenkt,*
> *das will ich euch als Zeichen geben,*
> *damit ihr immer an mich denkt.*
>
> *– Lothar Zenetti*

Wenn die Worte Jesu und seine Geschichte zur Grundlage von Glauben und Leben werden und er selbst sogar dieses Wort ist, dann gilt Jesus als "Lebensmittel" oder als "Brot" der Menschen. In der christlichen Kirche und Theologie wird für diese Vorstellung heute auch der Begriff "Realsymbol" verwendet. Die Verbindung zur sonstigen Mission von Jesus geht in Johannes 6 vor allem aus dem Speisungswunder hervor. Die anderen Speisungswunder und das Abendmahl gehören also zusammen.

Bemerkt wurde bereits, dass das Evangelium nach Johannes die Geschichte von Jesus erzählt, dabei aber das

Abendmahl, also die Erzählung von der Verteilung von Brot und Wein in Verbindung mit den Einsetzungsworten, auslässt. Das ist umso auffälliger, als in diesem Evangelium ein letztes Abschiedsmahl, das Jesus mit seinen Jüngern in Erwartung seines baldigen Todes feierte, durchaus erwähnt wird (Johannes 13,1–20). Dabei wusch Jesus seinen Jüngern die Füße. Der Wille zum Dienst und die Demut, die in dieser Handlung zum Ausdruck kommt, entsprechen also in gewisser Weise dem, was ansonsten das Brot versinnbildlicht: Jesus diente den Menschen und gab ihnen auf diesem Wege nicht nur Hoffnung und Kraft, sondern auch Würde und fügte sie in eine neue menschliche Gemeinschaft ein. In ihm war Gott selbst auf dieser Welt und den Menschen nahe. In ihm wurden Gottes Gnade und Liebe für die ganze Welt sichtbar. Die Welt soll sich dieses demütige Handeln als Vorbild nehmen: "Ich habe euch nämlich ein Beispiel gegeben, dass auch ihr tut, wie ich euch getan habe" (Johannes 13,15). Darin liegt das Heil der Menschen begründet. Deshalb ist es für die Menschen unabdinglich, die ganz besondere Heils-Geschichte von Jesus immer wieder zu studieren. Und deshalb werden in christlichen Gottesdiensten noch heute die Evangelien gelesen, damit Menschen 'heil' werden.

*Ergebnis:* Viele von den Worten, die Jesus sagte, waren nicht wörtlich gemeint. Sie waren eher symbolisch oder sinnbildlich zu verstehen. Das gilt auch für seinen Anspruch, das "Brot des Lebens" zu sein (Johannes 6). Wenn Jesus seine Zuhörer auffordert, sein Fleisch zu "kauen" und sein Blut zu trinken, ist das in übertragenem Sinne gemeint: Menschen sollen immer wieder auf die Botschaft von Jesus und auf seine Worte hören. Sie sollen an Jesus denken, der ihnen zugunsten selbst Mensch wurde und auf dieser Erde lebte. Sie sollen glauben, dass in seinem Leben und Sterben das Heil Gottes besonders sichtbar wurde. Das gilt auch für das Wunder, bei dem

Jesus mit wenig Essen viele Menschen satt machen konnte. Auffällig ist allerdings, dass das Evangelium nach Johannes als einziges keinen Bericht vom Abendmahl enthält. Stattdessen illustriert es anhand der Fußwaschung die selbstlose Liebe und Dienstbereitschaft Jesu, die als Vorbild für menschliches Handeln gelten.

## Zusammenfassung: Das Abendmahl im Neuen Testament

Die Abendmahlsfeier der christlichen Kirche geht auf das letzte Mahl zurück, das Jesus mit seinen Jüngern hielt. Wir haben nun die wichtigsten Texte, die das Neue Testament zu diesem Thema enthält (Matthäus 26,26–29; Markus 14,22–25; Lukas 22,15–20; 1 Korinther 11,23–25; ferner auch Lukas 24,13–35; Johannes 6,22–59; 13,1–20), studiert und miteinander verglichen. Die grundlegenden Informationen sind: Bei seinem letzten Mahl reichte Jesus den Jüngern Brot und Wein. Er sprach auch ein Segenswort, ein Dankgebet und die so genannten Deuteworte. Nach letzteren repräsentierte das Brot seinen "Leib", der "für euch (gegeben)" ist. Der Wein repräsentierte sein "Blut", das er "Blut des Bundes" nannte und von dem er sagte, dass es "für viele vergossen" worden ist.

Jesus brachte auch zum Ausdruck, dass er sein letztes Mahl zu sich nehmen würde und seinem Tod entgegensah. Andererseits beschloss er seine Aussage mit einem Ausblick auf ein Leben nach dem Tode. Die Atmosphäre des Abendmahls war angesichts solcher Worte also sicherlich durch Trauer, aber auch durch Hoffnung geprägt.

Die ältesten Abendmahlstexte finden sich im ersten Korintherbrief des Paulus und im Evangelium nach Markus. Die später zu datierenden Texte in den Evangelien nach Matthäus und Lukas sind demgegenüber erweitert (Matthäus: appellativer Charakter, Bundesblut vergibt Sünden; Lukas:

45

Betonung des Passafestes, Abfolge *Kelch – Brot – Kelch*). Nur im Text des Markus wird das Deutewort zum Kelch zudem nach dem Weintrinken gesprochen; die Deutung geschieht deshalb nicht vor dem Trinken, sondern erst im Anschluss.

Die Texte im Neuen Testament über das Abendmahl unterscheiden sich also. Im Kern geht es aber trotzdem jeweils um dasselbe. In den Texten der Evangelien nach Markus, Matthäus und Lukas ist das Abendmahl das letzte Mahl, das Jesus mit seinen Jüngern aß. Es hat den Charakter eines symbolischen Vermächtnisses dessen, was Jesus in seinem Leben zugunsten der Menschen getan hatte. Genau das wird auch deutlich, wenn Paulus in 1 Korinther 11,23–26 das Abendmahl erwähnte. Er tat das, um der Gemeinde in Korinth über innere Spaltungen hinweg zu helfen. Das Abendmahl war das Ereignis, bei dem Menschen der Gemeinde als "Leib von Christus" vereint werden sollten. Das Abendmahl machte somit wesentliche Aspekte der Mission Jesu auf dieser Erde sichtbar.

# Kapitel 3

## BEDEUTUNGEN DES ABENDMAHLS

Die traditionelle Sühnetodlehre empfinde ich nur als abstoßend, sie ist für mich mit einem sadistischen Gottesbild verbunden. Die Sühnetodlehre hat mich lange von einem befreienden Glauben abgehalten.

*– Eike-Christian Meyer (27 Jahre)*

Jesus starb für mich, und in Brot und Wein hat er seinen Leib für mich geopfert. Mit seinem Blut reinigt er mich von meinen Sünden.

*– Anonyme Aussage*

In diesem Kapitel werden verschiedene zentrale Aspekte des Abendmahls, die von den zugrunde liegenden neutestamentlichen Texten her zu klären sind, ausführlich diskutiert. Dabei wird nicht nur direkt gefragt, was das Brotbrechen und das Blut des Bundes bedeuten. Thematisiert wird auch, ob das Abendmahl ein Passamahl ist und ob der Tod von Jesus als Sühne oder Opfer verstanden werden kann.

## Ein Mahl – verschiedene Bezeichnungen

Welche Bedeutung hat das Abendmahl? Diese Frage sollte wohl besser leicht geändert werden: Welche *Bedeutungen* hat das Abendmahl? Es hat und hatte nämlich nicht nur eine einzige Bedeutung, sondern mehrere. In dieser Hinsicht ist das Abendmahl wie Weihnachten: Dieses ist für die meisten heute ein Fest, bei dem sich Menschen untereinander Geschenke machen. Damit ist immerhin eine Aussage verbunden: Die Geschenke sind ein Ausdruck von Freundschaft, und wer wem etwas gibt, zeigt vor allem Familienzugehörigkeit und zwischenmenschliche Beziehungen an. Allerdings finden überzeugte Christinnen und Christen eine solche Deutung meist zu flach und kommerziell – immerhin ist Weihnachten doch das Fest der Geburt Jesu und der Menschwerdung Gottes. Die Umstände dieser Geburt zeigen außerdem in ganz besonderer Weise, dass Gott das Schwache und Verachtete auf dieser Welt erwählt hat. Weihnachten hat also für verschiedene Menschen verschiedene Bedeutungen.

Das ist auch beim Abendmahl so. Dessen verschiedene Bedeutungen gehen erstens aus den verschiedenen Bezeichnungen hervor, die in der christlichen Kirche fast immer nebeneinander her existiert haben. Dazu kommt zweitens die allgemeine Überlegung, dass eine bestimmte Feier für verschiedene Teilnehmerinnen und Teilnehmer ganz unterschiedliche Inhalte vermitteln kann. Speziell bei regelmäßig stattfindenden Feiern erinnern sich viele nämlich eher an allgemeine Verhaltensregeln und befolgen diese. Oft ist ihnen demgegenüber deren tieferer Sinn oder Ursprung unbekannt oder weniger wichtig.

Welche Bezeichnungen für die Feier mit Brot und Wein gibt es nun? Bitte überlegen Sie einmal für einen Moment: Welche Ausdrücke fallen Ihnen ein? Oder welche Bezeichnungen werden in Ihrer Kirche verwendet? Es ist nämlich tatsächlich so, dass sogar innerhalb derselben christlichen Konfession oder Kirchengemeinde verschiedene Bezeichnungen für das Abendmahl üblich sind. Hier sind einige der gängigen Ausdrücke:

*Abendmahl*: Diese Bezeichnung ist insbesondere unter evangelischen Christen gebräuchlich. Sie richtet sich nach dem Zeitpunkt des Mahls. Nach Markus 14,17 trifft Jesus die Jünger zur Feier dieses Mahls "am Abend" (siehe auch Matthäus 26,20). Paulus spricht allerdings von der "Nacht" des Verrats (1 Korinther 11,23).

*Herrenmahl*: Diese Bezeichnung (griechisch: "*kyriakon deipnon*") fällt in 1 Korinther 11,20. Sie richtet sich nach dem Umstand, dass Jesus, der "Herr" (griechisch "*kyrios*"), die Segensworte spricht und sich damit nach jüdischer Sitte als Gastgeber ausweist (1 Korinther 11,23). Insofern Jesus als Sohn Gottes, des Vaters im Himmel, gilt, verstehen sich die Jünger bzw. später die Christen als Gäste von Gott, dem "Herren".

*Eucharistie*: Diese Bezeichnung ist heute eher unter römisch-katholischen Christen gebräuchlich. Sie geht auf das griechische Wort "*eucharistia*" zurück, das "Dankgebet" heißt. Konkret bezieht sich das Wort Eucharistie auf das Dankgebet, welches Jesus bei seinem letzten Abendmahl sprach. Wir sahen bei der Durchsicht der Abendmahlstexte im Neuen Testament, dass geringfügige Abweichungen bestehen, an welcher Stelle genau Jesus dieses Dankgebet sprach: Nach Markus 14,23 und Matthäus 26,27 gehört es zum Kelch, nach 1 Korinther 11,24 gehört es zum Brot, und nach Lukas 22,17 und 19 gehört es zum ersten Kelch (von insgesamt zwei Kelchen) sowie zum Brot (siehe dazu Übersicht 1 auf S. 36–38). In der "Lehre der zwölf Apostel" erscheint das griechische Wort "*eucharistia*" als offizielle Bezeichnung für das Abendmahl (9,1.5).[11] Damit ist deutlich, dass die Bezeichnung "*eucharistia*" in einer solchen Funktion schon im Christentum des 2. Jahrhunderts n. Chr. üblich war.

*Brechen des Brotes*: Diese Bezeichnung ist vor allem aus der Apostelgeschichte bekannt (Apostelgeschichte 2,42 und 46; 20,7). Sie ist auffällig, da sie allein das Brot erwähnt, nicht aber den Wein. Wir sahen aber bereits in der Erzählung von den Emmausjüngern, dass allein das Brotbrechen als Hinweis auf den gesamten Ritus vorkommt und der Erinnerung und dem Wiedererkennen Jesu dient (Lukas 24,13-35). Demgegenüber gibt es im Neuen Testament keinen Bezug auf das Abendmahl, der allein aus dem Kelch besteht. Da das Abendmahl in der Regel unter Verwendung von Brot und Wein gefeiert wurde, ist die Bezeichnung "Brechen des Brotes" als Verkürzung zu verstehen. Noch heute ist in einigen Freikirchen die Bezeichnung "Brotbrechen" üblich.

*(Heilige) Kommunion*: Auch diese Bezeichnung ist heute hauptsächlich unter römisch-katholischen

Christen gebräuchlich. Katholiken feiern ferner die "Erstkommunion". Das ist ein Fest, bei dem junge Christen zum ersten Mal an der Kommunion teilnehmen dürfen. Der Begriff "Kommunion" kommt aus dem Lateinischen und bedeutet "Gemeinschaft" oder "Teilen". Er könnte auf 1 Korinther 10,16 zurückgehen: "Der Kelch der Segnung, den wir segnen, ist der nicht die Gemeinschaft des Blutes von Christus? Das Brot, das wir brechen, ist das nicht die Gemeinschaft des Leibes von Christus?" Er bezieht sich aber auch, und evtl. gleichzeitig, auf das charakteristische Verteilen des Brotes an die Gemeinde.

*Liebesmahl*: Diese Bezeichnung begegnet in Judas 12. Das griechische Wort ist "*agapai*", also die Pluralform (Mehrzahl) von "*agape*", das "Liebe" bedeutet. Diese Bezeichnung bringt in einzigartiger Weise zum Ausdruck, dass im Zentrum der Feier mit Brot und Wein das höchste christliche Ideal steht. Das ist die Liebe, die im Leben und Sterben von Jesus sichtbar wurde.

*(Heilige) Messe*: Dieser Begriff ist fast ausschließlich unter römisch-katholischen Christen gebräuchlich. Er geht auf das lateinische "*missa*" zurück und bedeutet eigentlich "Sendung". Er bezeichnet einerseits das Abendmahl als solches, andererseits aber auch den christlichen Gottesdienst insgesamt. Daran wird deutlich, dass der Ritus mit Brot und Wein in der Tat den Höhepunkt des Gottesdienstes darstellt.[12]

*Synaxis*: Dieses Wort ist griechisch und bedeutet "Vereinigung". Es entspricht also in etwa dem, was der eben erwähnte Begriff "Kommunion" besagt. "*Synaxis*" wird speziell in den Orthodoxen Kirchen des Ostens verwendet; deshalb ist die Bezeichnung in den westlichen Kirchen weitgehend unbekannt.

*Heilige und göttliche Liturgie*: Die orthodoxen and katholisch-orientalischen Kirchen verwenden diese Begriffe zur Bezeichnung spezieller Abendmahls-Liturgien aus dem 4. und 5. Jahrhundert n. Chr., die dort noch heute gefeiert werden.

Viele christliche Kirchen begehen, wie anfangs festgestellt wurde, als Höhepunkt ihres Gottesdienstes eine Feier mit Brot und Wein. Sie verwenden dafür allerdings wenigstens zehn – wahrscheinlich eher noch mehr – unterschiedliche Bezeichnungen. Drei davon, nämlich "Herrenmahl", "Brechen des Brotes" und "Liebesmahl", sind in verschiedenen Schriften des Neuen Testaments bereits als spezifische Bezeichnungen für diese Feier bekannt. Außerdem kommen dort die Worte "Eucharistie" und "Kommunion" – sowie indirekt auch "Synaxis" – vor, sind aber als spezielle Begriffe für diese Feier noch unbekannt. Im Neuen Testament selbst existieren also keine einheitlichen Bezeichnungen. Daher hat sich die christliche Kirche in den fast zwanzig Jahrhunderten ihrer Entwicklung ebenfalls nie auf eine einheitliche Begrifflichkeit festgelegt. Entscheidender war vielmehr, die Feier immer wieder zu begehen – und die Kirche durch sie prägen zu lassen.

Bei der Durchsicht all dieser Begriffe fragen wir uns vielleicht, warum die Kirche heute noch solche alten und traditionellen Ausdrücke verwendet, die aus dem Griechischen oder aus noch anderen Sprachen stammen. Macht das nicht vieles im Gottesdienst unnötig kompliziert? Das mag wohl stimmen. Diese fremdsprachigen Ausdrücke zeigen aber,

## HISTORIE UND HINTERGRÜNDE:

### Traditionelle Ausdrücke in der Kirche

Wer heute an einem christlichen Gottesdienst teilnimmt, wird sich evtl. über manche Ausdrücke wundern – oder sie einfach nicht verstehen. Warum werden in der Kirche Worte wie *"Amen"* oder *"Halleluja"* verwendet, und was heißt eigentlich *"Kyrie eleison"*? Haben solche Worte etwa magische Wirkung?

Die Antwort zu diesen Fragen liegt in der langen und ereignisreichen Geschichte der christlichen Kirche. Die meisten diese Worte wurden vor langer Zeit einmal in Gottesdiensten verwendet. Es ist also ein Zeichen der Anerkennung dieser langen Vergangenheit, dass solche Worte nicht einfach vergessen wurden. Diese Worte stammen außerdem aus anderen Sprachen: *"Kyrie eleison"* ist griechisch und bedeutet "Herr, erbarme dich", das ebenfalls griechische *"Christe eleison"* bedeutet "Christus, erbarme dich" – die Übersetzung folgt in der modernen kirchlichen Liturgie mancher Kirchen also unmittelbar. Das Wort *"Amen"* ist demgegenüber hebräisch und bedeutet "sicherlich", "wahrlich" oder "so sei es", und *"Halleluja"* bedeutet "lobet Gott" (und ähnelt übrigens dem arabischen *"Alhamdulillah"*). Daran zeigt sich, dass die Geschichte der christlichen Kirche nicht in Deutschland, sondern in anderen Kulturräumen und mit anderen Sprachen begann. Daher finden sich in der "Kirchensprache" auch aramäische (*"hosannah"* bedeutet "bitte rette uns") sowie verschiedene lateinische Worte. Sie haben also nichts mit Magie zu tun. In ihnen lebt die lange und reiche Vergangenheit hier und heute immer ein wenig weiter.

dass die Kirche mit ihrer langen Tradition und den Kulturen, aus denen sie stammt, "pfleglich" umgeht. Dazu gehört u.a., dass manchmal zentrale oder wichtige Begriffe in der Sprache dieser Tradition weiter verwendet werden.

Bevor ich noch einige andere solcher kirchlichen Sprach-Beispiele vorstelle, sei angemerkt: Auch in unserer Alltagssprache verwenden wir heute viele Worte, die ursprünglich aus anderen Sprachen stammen. So ist z.B. das Wort "Auto" eine Abkürzung von "Automobil". Dieses geht auf griechische und lateinische Worte zurück und besagt, dass ein Fahrzeug von selbst (*"autos"*) beweglich (*"mobile"*) ist. So manche technischen Errungenschaften oder sonstigen Dinge, vom Fenster über die Logik bis zur Politik und vom Telefon über die Demokratie bis zum Präsidenten, werden also heute mit Ausdrücken bezeichnet, die aus fremden Sprachen stammen.

Ein solcher Hang zur Tradition kommt übrigens auch anderweitig vor, so z.B. in Sprichwörtern. Wenn wir heute noch sagen: "Wer den Groschen nicht ehrt, ist des Talers nicht wert", dann wissen wir: Diese Währungseinheiten existieren schon lange nicht mehr. Wir könnten ein solches Sprichwort anpassen und sagen: "Wer den Cent nicht ehrt, ist des Euros nicht wert". Das hat sich aber wenigstens bis heute nicht durchgesetzt. So leben alte Begriffe oft in formelhaften Ausdrücken oder Sprichwörtern weiter, die unter Umständen sonst nirgends mehr gebraucht werden.

*Ergebnis*: In christlichen Konfessionen und Kirchen gibt es für den Ritus mit Brot und Wein ganz verschiedene Bezeichnungen. Sie zeigen, dass diese Feier zwar zentral, aber auch unterschiedlich interpretiert worden ist. Solche unterschiedlichen Bezeichnungen liegen bereits in den Texten des Neuen Testaments vor. Die Kirche von heute verwendet solche alten (traditionellen) Begriffe aus Achtung vor ihrer langen Geschichte weiter.

## Das Abendmahl – ein ritualisiertes Mahl

Das Neue Testament und die Kirche verwenden viele verschiedene Bezeichnungen für die Feier, der sich dieses Buch widmet. Eines ist jedoch einfach und unveränderlich: Jesus setzte einen Ritus mit Brot und Wein ein. Deshalb sind beide grundsätzliche Komponenten des Abendmahls. Brot und Wein gehörten in der alten Welt für lange Zeit zu den Grundnahrungsmitteln. Außerdem wird in den Texten des Neuen Testaments ausdrücklich gesagt, dass Jesus Brot und Wein an seine Jünger verteilte und sie zum Verzehr aufforderte. Jesus führte also ein ritualisiertes Mahl mit schlichten Grundnahrungsmitteln ein. Zu diesem Mahl mit seinen Gesten fügte er dann bestimmte Worte hinzu, die anzeigten, dass all das noch einen tieferen Sinn hatte. Dieser Sinn knüpfte aber prinzipiell an die eigentlich schlichten Vorgänge des Essens und Trinkens an. Spätere Streitigkeiten darüber, was das Abendmahl bedeuten könne, gehen meist von diesen Worten aus. Demgegenüber entzünden sich fast nie Kontroversen an den schlichten Gesten des Mahles.

Es lohnt sich, einmal darüber nachzudenken, dass das Abendmahl Jesu grundsätzlich ein ritualisiertes Mahl war. Und dass Christen, wenn sie täglich, wöchentlich oder viermal im Jahr Abendmahl feiern, ebenso ein ritualisiertes Mahl feiern. Alle Menschen können nämlich etwas damit verbinden. Das liegt daran, dass ein Mahl eine der grundlegendsten Erfahrungen überhaupt ist. Seit unseren ersten Minuten auf der Erde haben wir Menschen Nahrung zu uns genommen. Und wir werden das bis zum Ende unseres Lebens tun.

# Wie ein Mahl Welten bewegt

Weil ein Mahl eine solch grundlegende Erfahrung ist, ist es erstens ein wunderbarer Anknüpfungspunkt für eine tiefer gehende symbolische Deutung. Und zweitens ist ein Mahl grundsätzlich für verschiedenste Interpretationen offen. Alle Menschen können sagen, was ihnen ein Mahl bedeutet. Für manche mag es wichtig sein, weil es etwas Gutes zu essen gibt, für andere, weil sie Hunger haben und ein Mahl Kräfte gibt und das Überleben garantiert. Wieder andere schätzen an einem Mahl, dass es oft in Gemeinschaft zubereitet und verzehrt wird. Ein Mahl kann also ein gesellschaftliches Erlebnis sein. Menschen treffen sich wahrscheinlich meist im Rahmen ihrer Familie, manchmal aber auch mit Freunden oder Arbeitskollegen zu einer Mahlzeit. Der gesellschaftliche Aspekt des Abendmahls wird später noch eingehend besprochen (siehe unten S. 107–114). Im Augenblick ist jedoch wichtig, dass alle Menschen Gesten mit Brot und Wein verstehen können. Und wenn Jesus dazu erklärende Worte sprach, die eine bestimmte Sichtweise vermittelten, können grundsätzlich alle Menschen an solche Worte anknüpften. Alle Interpretationsansätze sind deshalb möglich. Da das Abendmahl ein ritualisiertes Mahl ist, gibt es keine wirklich falsche Interpretation, solange dieser Ritus als Mahl verstanden wird. Das soll hier ausdrücklich betont werden, bevor im Folgenden weitere und spezielle Aspekte des Abendmahls untersucht werden.

*Ergebnis*: Jesus stiftete das Abendmahl als ritualisiertes Mahl. Die wichtigsten Elemente sind Handlungen mit Brot und einem Kelch voll Wein. Da alle Menschen an Mahlzeiten regelmäßig teilnehmen und Brot und Wein früher Grundnahrungsmittel waren, ist die Symbolik des Abendmahls grundsätzlich für alle Menschen zugänglich und verständlich.

## *Das Abendmahl und das Passamahl*

Das Abendmahl ist zunächst ein Gedächtnismahl an Jesu Leiden und Sterben. Dazu hat es in seinen Einzelheiten manche symbolischen Bedeutungen, die mir leider noch nicht alle geläufig sind.

*– Hartmut Sander (68 Jahre alt)*

Wir sahen eben: Der Kern des Abendmahls besteht aus einem ritualisierten Mahl mit Brot und Wein. Allerdings enthalten die Texte des Neuen Testaments, die vom Abendmahl handeln, eine Fülle von Informationen, wie die Gesten mit Brot und Wein zu verstehen sind. Diese Informationen sollen hier genau studiert werden. Sie erlauben nämlich, mehr darüber zu erfahren, wie Jesus und die frühe Kirche das Abendmahl verstanden. Viele interessante Aspekte, die sich großteils gegenseitig ergänzen, kommen dabei zu Tage.

Zu den letzten Dingen, die Jesus vor der Kreuzigung tat, gehörte, dass er seine Jünger bat, ein Passamahl vorzubereiten (Markus 14,12–16). Die Passion Jesu spielte sich also zur Zeit eines bestimmten jüdischen Doppelfestes ab, nämlich während des Passafestes und des Festes der Ungesäuerten Brote. Beide waren Volksfeste der frühen Juden. Das bedeutet zunächst einmal, dass umfangreiche Mähler zubereitet wurden und alle Teilnehmer gut aßen und tranken. Wir verstehen heute das Abendmahl eher als minimalistisches Mahl – richtig satt wird dabei niemand. Nun, das eigentliche Abendmahl, bei dem Jesus seinen Jüngern Brot und Wein reichte, war vermutlich ebenfalls nicht üppig. Wir haben oben festgestellt, dass dieses Abendmahl nach dem Markus-Evangelium nur den Abschluss eines umfangreicheren Mahls darstellt. Dieses Mahl ist eben ein Passamahl, zu dem es üblich war, ein Lamm zuzubereiten (Markus 14,16).[13] Ich hatte bereits darauf hingewiesen, dass dem Evangelium nach Markus zufolge Jesus und die Jünger essen, bevor (oder als) das eigentliche Abendmahl beginnt (siehe oben S. 17). Und auch der Apostel Paulus kennt das Abendmahl Jesu als Abschluss eines üppigeren und längeren Mahls (siehe oben S. 28–29).

Passa war allerdings mehr als ein üppiges Mahl mit Essen und Trinken. Die Menschen heute wissen meist nicht, dass dieses Fest für das Judentum vor allem religiöse und politische Bedeutung hatte. Um also den Kontext des Abendmahls besser zu verstehen, wollen wir uns mit den Ursprüngen der Passafeier vertraut machen. Dazu wenden wir uns verschiedenen Texten des Alten Testaments zu.

Das Passafest gehörte zu den traditionellen Feiern Israels, das nach der Erzählung in Exodus 12 im Familienkreis begangen wurde.[14] Der Hausvater hatte es zu organisieren und konnte dazu auch die Nachbarn einladen (V. 3–4). Dabei war die Erinnerung an den Exodus, also an die Rettung des Volkes Israel aus Ägypten, zentral (V. 25–28). Nach den alten jüdischen Traditionen hörte man immer wieder von Rettung, und zwar von Rettung aus Sklaverei und Bedrückung durch die Ägypter, die die Israeliten ausgebeutet und für die eigenen hochtrabenden Bauprojekte ausgenutzt hatten (Exodus 1,8–14).

Und noch aus einem weiteren Grund war das Passafest für die Juden wichtig. Der Exodus hatte ihre Vorfahren nämlich in ein neues, von Gott versprochenes Land und zu einer neuen Identität geführt. Das Passa war gleichsam die erste Station auf diesem Weg. Es erinnerte die Israeliten auch später noch daran, dass sie einmal ein selbständiges und freies Volk geworden sind. Dieser Hintergrund des Passafestes ist durchaus bedeutsam, denn als Jesus lebte, war Palästina unter römischer Besatzung. Das bedeutete ganz konkret, dass die Einwohner dieses Gebiets unter einer Besatzungsmacht lebten. Sicherlich waren manche Juden damals auch stolz, zum großen Römischen Weltreich gehört zu haben. Andererseits war aber auch klar: Die kleine Provinz 'Judäa', in der die Stadt Jerusalem lag, wurde ebenso ausgebeutet wie andere Provinzen auch. Viele Menschen hatten die Unterdrückung durch Rom und die hohen Steuern und Abgaben satt.

Das Passafest hatte für die Juden wegen der Unterdrückung durch Rom eine immens politische Bedeutung. Zu diesem Fest pilgerten viele aus den ländlichen Gebieten nach Jerusalem. Die Menschen machten sich also gemeinsam auf die Reise und trafen sich in ihrer Hauptstadt. Dort nutzten Juden diesen Anlass übrigens auch, um Männer für – in den Augen der Römer illegale – militärische Zwecke zu rekrutieren. Deshalb und aufgrund der Erinnerung an die Rettung aus der Sklaverei in Ägypten bestand beim Passafest ständig die Möglichkeit politischer Unruhen oder des Beginns von Guerillabewegungen und Aufständen. Das machte die römischen Besatzer damals nervös. Sie ließen Jesus daher genau beobachteten: Würde er sich eventuell in irgendeiner Form als politischer oder religiöser Führer der Juden präsentieren? Die Beschuldigung des Jesus von Nazareth als "König der Juden" (Matthäus 27,37; Markus 15,26; Lukas 23,38; Johannes 19,19) zeigt denn auch heute noch: Die römische Besatzungsmacht hatte ihn tatsächlich aus politischen Motiven, also wegen Hochverrats, angeklagt und schließlich hingerichtet (siehe auch Johannes 19,12–16).

Diese Bemerkungen machen deutlich, dass das Passafest als Rahmen des Abendmahls eine eher brisante Angelegenheit war. Ganz unterschiedliche Emotionen lagen in der Luft: bei den einen festliche Freude bis hin zu nationalem Stolz, bei den anderen Furcht vor politischen Unruhen. Ein solches Passafest ist in Markus 14,12–16 erwähnt. Anklänge daran liegen in den eigentlichen Abendmahlstexten auch mit dem Stichwort der Erinnerung oder des Gedächtnisses vor. Dieses kommt in Lukas 22,19 einmal und in 1 Korinther 11,24–25 zweimal vor.

---

**HISTORIE UND HINTERGRÜNDE:**

**Steuern und Abgaben im antiken Palästina**

Das Römische Reich hatte einen gewaltigen Verwaltungsapparat. Es baute aber auch Straßen, öffentliche Gebäude, Tempel und unterhielt natürlich eine Armee. Das alles kostete viel Geld. Außerbiblische Zeugnisse belegen, dass Rom zur Deckung dieser Kosten Steuern auf Personen, Grundbesitz und Waren eintreiben ließ. In Palästina wie in anderen Gegenden des Römischen Reichs wurden zwei Arten von Abgaben erhoben: Erstens direkte Steuern (Abgaben vom Bodenertrag, Kopfsteuern), die durch jüdische Behörden in der jeweiligen Provinz unter Aufsicht des römischen Prokurators eingezogen wurden. Zweitens fielen auch indirekte Abgaben an (Einfuhr-, Ausfuhr- und Durchgangszölle an Straßen, Brücken, Fähren, Stadttoren und auf Märkten). Sie waren meist unmittelbar vor Ort zu entrichten.

---

Beim traditionellen Passafest sollten sich die Israeliten an den Auszug aus Ägypten erinnern. Zu diesem Zweck pflegten die Kinder ihre Väter zu fragen, und die erzählten dann die alte Exodusgeschichte (Exodus 12,25–28).

Aber die Erinnerung bestand nicht nur aus einer solchen Erzählung. Ich hatte bereits gesagt: Deutende Worte, die Essen mit der Erinnerung an Rettung verbinden, waren speziell vom Passafest her bekannt. Das Essen selbst symbolisierte also etwas. Beim Passafest wurde nämlich das gesamte Fleisch des Passalammes bei Nacht über dem Feuer gebraten. Es war "in Eile" und aufbruchsbereit zu verzehren: die "Hüften gegürtet, Schuhe an den Füßen, den Stab in der Hand" (Exodus 12,11). Auch die Mazzen-Brote, also ungesäuerte Brotfladen, wiesen

auf den überstürzten Aufbruch hin: Aufgrund der Eile aßen die
Israeliten den noch nicht durchsäuerten Teig. Die Zubereitung
des Passalammes und des Mazzen-Brotes diente also auf je
eigene Weise der lebendigen Erinnerung an den Exodus.

Auch beim Abendmahl der frühen Christen traf sich eine
Gruppe von Menschen, und es ging um Erinnerung. Und
auch beim Abendmahl war das, was verzehrt wurde, ein
Symbol für diese Erinnerung. Dennoch bestanden gewisse
Unterschiede. Anders als beim jüdischen Passafest galt beim
Abendmahl, welches Christen feierten, die Erinnerung nicht
einem rettenden *Ereignis*. Die Versammelten erinnerten sich
vielmehr an eine *Person*, nämlich Jesus, der Rettung gebracht
hatte. Ein weiterer Unterschied zwischen Abendmahl und
Passa bestand ferner darin, woher die Gefahr kam. Israel
lebte in einer feindlichen Umgebung und musste sich gegen
die übermächtigen Ägypter behaupten. Als Jesus mit seinen
Jüngern Abendmahl feierte, befand er sich auch in einer
feindlichen Umgebung, die auf den Widerstand religiöser
und politischer Autoritäten zurückging. Gefahr kam jedoch
nicht ausschließlich von außen, also von 'den anderen'. Gefahr
kam ebenso aus der unmittelbaren Umgebung von Jesus.
Schließlich hatte Judas Iskariot, einer seiner zwölf Jünger,
Jesus verraten und seine Festnahme eingeleitet (Markus
14,10–11). Und sogar Petrus würde ihn kurze Zeit später
verleugnen (14,66–72). Das Abendmahl ist deswegen als
Gedächtnismahl der Befreiung inmitten von innerer und
äußerer Gefahr zu verstehen. Diese Befreiung ging für Jesus
jedoch nicht am Kreuzestod vorbei. Weil Jesus diesen Tod auf
sich nahm, erwies sich die Befreiung drei Tage später in der
Auferstehung. Die Befreiung, die die frühen Christen feierten,
war letztlich der Sieg über den Tod.

*Ergebnis*: Der Abendmahlsritus, den Jesus mit seinen Jüngern
feierte, fand während des Passafestes statt. Er fand im Kontext

eines Passamahls statt und war wahrscheinlich Abschluss eines üppigeren Mahls. Das Passafest war ein traditionelles jüdisches Familienfest, bei dem die Erinnerung an die Rettung aus der Sklaverei in Ägypten im Mittelpunkt stand. Das Essen selbst war symbolisch – was genau auf welche Weise verzehrt wurde, war Bestandteil dieser Erinnerung. Zur Zeit Jesu war Palästina Teil des Römische Reichs; die dortigen Einwohner mussten hohe Abgaben zahlen. Das Passafest weckte deshalb bei vielen Juden nationale Gefühle, und das machte die römische Besatzung nervös. Auch beim Abendmahl ging es um Erinnerung, und auch hier war das, was gemeinschaftlich verzehrt wurde, Symbol der Erinnerung. Im Mittelpunkt stand aber Jesus als Person, der Befreiung inmitten von Gefahr brachte. Die Befreiung manifestierte sich für Jesus allerdings nicht unmittelbar in der Errettung vor dem drohenden Tod, sondern in der Auferstehung, also dem definitiven Sieg über den Tod.

### Die Bedeutung des "Blutes des Bundes"

(Das Abendmahl ist) eine Erinnerung an das, was Christus für mich getan hat: sein Tod und seine Vergebung in Liebe. Niemand, der Jesus kennt, sollte abgewiesen werden. Ich 'fühle' einen neuen Anfang, wann immer ich zum Abendmahl gehe, eine Reinigung.
– Eva J. Elke

Wir haben eben den festlichen und rituellen Rahmen des Abendmahls betrachtet. Wir hatten uns auch darüber Gedanken gemacht, dass das Abendmahl im Kern ein einfaches Mahl mit den Grundnahrungsmitteln Brot und Wein ist. Daher ist die Symbolik des Abendmahls für jeden Menschen zugänglich. Und aufgrund des Kontextes der Passafeier hat es mit Erinnerung an Rettung zu tun.

Allerdings sprach Jesus in dem Moment, in dem er seinen Jüngern erst das Brot und dann den Kelch reichte, die so genannten Deuteworte. Nach den ältesten Texten im Neuen Testament lauten sie: "das ist mein Leib" beim Brot (Markus 14,22) und "das ist mein Blut des Bundes, das vergossen ist für viele" (Markus 14,24) bzw. "dieser Kelch ist der neue Bund in meinem Blut" beim Wein (1 Korinther 11,25). Wir sahen auch, dass zumindest im Evangelium nach Markus das Deutewort zum Kelch nach dem Weintrinken gesprochen wurde. Mit diesen Worten machte Jesus sehr genaue Vorgaben, wie er selbst dieses kurze, ritualisierte Mahl verstand und wie er es von anderen verstanden wissen wollte. Deshalb sollen im Folgenden beide Deuteworte ausführlich studiert werden. Beginnen möchte ich mit dem Deutewort zum Kelch.

Als Jesus den Kelch mit Wein reichte, sprach er von einem "Bund" oder "neuen Bund". Was ist damit gemeint? Wird in Ihrer Kirche das Wort "Bund" überhaupt noch verwendet? Soweit ich mich in verschiedenen evangelischen, katholischen und orthodoxen Kirchen auskenne, ist das Wort "Bund" eigentlich nur noch beim Abendmahl belegt. Da es im sonstigen außerkirchlichen Sprachgebrauch meist nicht vorkommt, herrscht vielerorts Ratlosigkeit. Kaum jemand weiß wirklich, was mit dem Bund beim Abendmahl gemeint ist. Wir verstehen also nicht mehr, was Jesus mit einem Deutewort wie "das ist mein Blut des Bundes" aussagen wollte. Das bedeutet übrigens, dass wir zentrale Aspekte des Abendmahls letztlich nicht mehr verstehen. Deshalb wollen wir nun untersuchen, woher diese Worte kommen. Wie in den vorhergehenden Reflexionen über das Passafest werden wir auch hier wieder verschiedene Texte des Alten Testaments studieren.

Die meisten Juden zur Zeit Jesu verstanden übrigens, was solche Worte bedeuteten. Das ist zum Beispiel daran sichtbar, dass Jesus ein Wort wie "Bund" ohne weitere Erklärungen verwenden konnte. Natürlich gab es in der Verkündigung Jesu manchmal auch schwer Verständliches, so etwa Gleichnisse (Markus 4,1–9). In diesem Falle erklärte er den Sinn jedoch später (4,10–20). Die Abendmahlsworte bezogen sich aber auf traditionelle Vorstellungen, die den Hörerinnen und Hörern wahrscheinlich bekannt waren. Deshalb waren sie damals leicht zu verstehen.

Das lag ganz einfach daran, dass Jesus einen sehr bedeutenden Text aus der Tora, also aus den Heiligen Schriften der Juden, zitierte. Und vermutlich kannten Juden damals diesen Text. Er handelt davon, dass die Israeliten nach dem Auszug aus Ägypten von Gott durch die Wüste geführt wurden. Sie waren auf dem Weg in das gelobte Land, in dem sie später einmal wohnen sollten. Aber bis sie dort ankamen, verging viel Zeit, und die Wanderung brachte eine Menge Gefahren und Konflikte mit sich. Allerdings gab es auf dem langen Weg eine wichtige Zwischenstation, wo die Israeliten für längere Zeit ihr Lager aufschlugen. Das war der Berg Sinai. Der Tora zufolge bestand die Vorstellung, dass das der Berg Gottes war. Hier konnten Menschen Gott begegnen. Mose hatte die Israeliten dorthin geführt, und er ging nach der biblischen Erzählung auf diesen Berg. Gott gab ihm dort die zehn Gebote (Exodus 20,1–17) sowie diverse andere Weisungen (Levitikus 26,46).[15]

Der Berg Sinai ist aber vor allem der Ort, an dem Gott einen Bund mit den Israeliten schloss. Und auf genau diesen Bund bezieht sich Jesus beim Abendmahl. Der Bund am Sinai war nötig, da die Israeliten nicht quasi von selbst das Volk Gottes waren. Im Gegenteil: Gott wird in der Tora als derartig heilig beschrieben, dass sich niemand von den Israeliten nähern konnte (Exodus 19,20–25; 24,1). Die Israeliten galten nämlich als unreine Menschen bzw. als Sünder, und der Bund war gewissermaßen Gottes Antwort auf menschliche Sünde.

Viele haben heute Schwierigkeiten mit der Tatsache, dass

in der Bibel die Menschen nicht einfach als gut und fehlerfrei beschrieben werden. Und dass in der Kirche öfters von Sünde geredet wird. Also ehrlich, muss das denn sein? Wir bemühen uns doch alle, ein ordentliches Leben zu führen. Dennoch – Menschen müssen anerkennen, dass auf unserer Welt und in unserem Leben nicht immer alles glatt geht. Von menschlicher Sünde zu reden hat etwas mit Ehrlichkeit zu tun. Trotz unserem besten Bestreben und trotz der höchsten Ideale sind Menschen nicht perfekt. Wie dichtete Lothar Zenetti ganz zutreffend?

> *Das soll es wohl geben*
> *im wirklichen Leben,*
> *so hart es auch klingt:*
> *dass Liebe misslingt.*

Darum geht es mehr oder weniger, wenn in der Bibel von Sünde die Rede ist. Allerdings finden wir dort nirgends eine Definition von Sünde. Wir sind vielmehr darauf angewiesen, aus ganz verschiedenen Texten des Alten und Neuen Testaments das jeweils im Hintergrund stehende Verständnis von Sünde zu rekonstruieren. Eine umfassende Darstellung des Begriffs kann hier nicht geboten werden; ich möchte aber versuchen, einige Grundgedanken zu skizzieren. Dazu gehört, dass Sünde vor allem eine prinzipielle Trennung zwischen Mensch und Gott bezeichnet. Sünde hat ferner oft mit Ungehorsam gegen Gottes Gebote zu tun.

Diese beiden Dimensionen fallen z.B. in der Erzählung vom Sündenfall zusammen: Nachdem Adam und Eva entgegen Gottes Anweisung die Frucht des Baumes gegessen haben, müssen sie das Paradies und damit den Ort der Gegenwart Gottes verlassen (Genesis 3). Sünde hat stets negative Folgen für Einzelne oder die menschliche Gemeinschaft und führt im schlimmsten Falle zum Tod (Genesis 4,1–16). Christliche

Autoren schrieben später, dass alle Menschen unter der Macht der Sünde stehen (Römer 3,23; 1 Johannes 1,8). Aus dem Wirkbereich dieser Macht kann letztlich nur Gott den Menschen befreien. Diese Einsicht wird im Christentum nachhaltig betont: Paulus schrieb, dass Gott die Menschen umsonst und durch Gnade rechtfertigt (Römer 3,24). Jesus erzählte sogar ein Gleichnis, demzufolge jemand, der auf Gottes Gnade vertraut, gerechtfertigt sein kann, während ein anderer, der verschiedene Gebote Gottes erfüllt hat, gleichzeitig aber andere Menschen verachtet, nicht gerechtfertigt ist (Lukas 18,9–14).

In der Erzählung von der Wanderung durch die Wüste war u.a. Sünde der Grund dafür, dass die Israeliten sich dem heiligen Gott nicht nähern durften. Mehr noch: Sie durften noch nicht einmal den Berg Gottes berühren (Exodus 19,23). Wenigstens nicht zunächst. Gott hatte aber sozusagen eine Überraschung für die Israeliten parat, und diese Überraschung war der Bund! Dazu baute Mose am Fuß des Berges Sinai einen Altar (Exodus 24,4). Auf diesem ließ er Stiere als Opfer darbringen. Dann geschah Folgendes:

"Und Mose nahm die Hälfte des Blutes und goss es in Becken, die andere Hälfte des Blutes aber sprengte er an den Altar. Und er nahm das Buch des Bundes und las es vor den Ohren des Volks. Und sie sagten: Alles, was Jahwe gesagt hat, wollen wir tun und darauf hören. Da nahm Mose das Blut, besprengte das Volk damit und sprach: Seht, das ist das Blut des Bundes, den Jahwe aufgrund aller dieser Worte mit euch geschlossen hat" (Exodus 24,6–8).

Diese Passage beschreibt den Bund, den Gott Jahwe mit Mose und den Israeliten schloss. Besonders ist, dass der Bund aus zwei Komponenten bestand. Erstens las Mose aus einem Buch ethische Weisungen vor, die Gott vorher gegeben und die Mose niedergeschrieben hatte (Exodus 24,3–4). Die Erzählung erwähnt ausdrücklich, dass die Israeliten diese akzeptierten. Dann sprengte Mose das Blut der Opfertiere auf die Israeliten. Beide Komponenten sind also verschieden, gehören aber zusammen und ergänzen sich. Das wird im biblischen Text durch ihre ähnlichen Bezeichnungen angezeigt: "Buch des Bundes" und "Blut des Bundes". Beim Abendmahl nun zitierte Jesus aus dieser Textpassage über den Bund am Sinai. Wenn er sagte, "das ist mein Blut des Bundes", nachdem (oder bevor) er seinen Jüngern den Kelch mit Wein gab, dann zitierte er die Worte, die Mose nach Exodus 24,8 beim Bund am Sinai sprach. Dieser Text gehört, wie gesagt, zur Tora, also zum wichtigsten Teil der Heiligen Schriften der Juden. Noch heute kennen einige Juden die ganze Tora auswendig. Und wir dürfen vermuten, dass auch damals, als Jesus lebte, viele diesen Text auswendig aufsagen konnten. Die Menschen wussten also, dass Jesus sich auf die Worte von Mose bezog, als er vom "Blut des Bundes" sprach.

Was meinte Jesus nun, wenn er seinen Bund nach dem Bund am Sinai benannte? Der Bund am Sinai zwischen Gott und den Israeliten sollte das Grundmuster sein, nach dem das Trinken des Kelches mit Wein beim Abendmahlsritus zu verstehen war. Wer wusste, was das "Blut des Bundes" am Sinai bewirkte, verstand auch, was das "Blut des Bundes" beim Abendmahl bedeutete. Deshalb müssen wir heute erst einmal versuchen, den Bund am Sinai zu entschlüsseln. Dann wird auch das Abendmahl verständlich. Wenden wir uns darum nochmals der Erzählung vom Sinaibund zu!

Gesagt hatte ich schon, dass die Israeliten anfangs vom heiligen Gott getrennt waren. Menschliche Unreinheit und Sünde trennten sie von Gott. Dann aber verpflichteten sich die Israeliten, den Anweisungen Gottes zu folgen, die Mose ihnen aus dem "Buch des Bundes" vorlas. Auf diese Weise entschieden sie sich, ethisch verantwortlich zu handeln. Das war die erste Komponente des Bundes zwischen Gott und den Israeliten.

Außerdem sprengte Mose das Blut von Opfertieren über die Israeliten. Das war die zweite Komponente des Bundes. Was mag diese Handlung bedeuten? Sie erscheint uns heutigen Menschen natürlich fremd, da in unseren Kirchen oder in anderen Bereichen unserer westlichen Kultur keine eigentlichen Opferrituale mehr ausgeführt werden.[16] Um allerdings zu verstehen, was beim Sinaibund zwischen Gott und Israel geschah, und weiterhin, warum Jesus sich darauf bei seinem letzten Abendmahl bezog, müssen wir uns mit Opferritualen im Alten Testament auseinandersetzen. Ich lade deshalb ein, Texte der Bibel zu lesen, die viele Christinnen und Christen niemals gelesen haben und über die Pastoren, Pastorinnen oder Priester selten predigen. Trotzdem befinden sich viele dieser Texte im Herzen der Tora und gehören zu den ältesten Teilen der Bibel überhaupt. Und sie handeln von Dingen, die heute in der Regel missverstanden werden. Deshalb wollen wir nun zunächst Opferrituale allgemein untersuchen, um uns anschließend speziell Blutriten zuzuwenden.

Opferrituale gehörten in der Welt des Alten und Neuen Testaments zur alltäglichen Lebenserfahrung. Sie wurden zu allen Epochen ganz selbstverständlich durchgeführt und waren ein kaum hinterfragter Bestandteil des Gottesdienstes. Deshalb werden im Alten Testament überall Opfer erwähnt, so z.B. das Opfer Jakobs (Genesis 31,54) oder diejenigen von Elkana und Hanna in Silo (1 Samuel 1). Außerdem enthält das Alte Testament detaillierte Anweisungen zur korrekten Ausführung von Opferritualen (Levitikus 1–7). Überhaupt bietet das gesamte Buch Levitikus vielfache Beschreibungen und Belehrungen zu allen denkbaren Einzelheiten ritueller Opfer. Dazu gehören vor allem ausführliche Listen mit eingehenden Anweisungen für jährliche Feste und Feiern.

Zu solchen Anlässen pilgerten die Israeliten zum zentralen Heiligtum. Dort wurden dann auch wieder rituelle Opfer dargebracht (Levitikus 23; Numeri 28–29).[17]

Aber auch später, zur Zeit des Urchristentums, gehörten Opfer noch zur alltäglichen Lebenserfahrung. Als Jesus einen Aussätzigen heilte, wies er ihn an, für seine Reinigung genau die Opfer darzubringen, die in der Tora vorgeschrieben waren (Markus 1,40–45). Und in der berühmten Bergpredigt benutzte Jesus die Szene von jemandem, der ein rituelles Opfer darbringt, als Beispiel dafür, dass Aussöhnung mit den Mitmenschen wichtig für die Versöhnung mit Gott ist (Matthäus 5,23). Er stellte folglich Opferdarbringungen nicht grundsätzlich in Frage. Schließlich ist zu erwähnen, dass zur Zeit Jesu auch die Griechen und Römer ihre eigenen Tempel und Opferrituale hatten. Und das Gleiche gilt für alle Völker, die vor und während dieser Epoche im Vorderen Orient lebten, so z.B. die Babylonier, die Ägypter, die Hethiter und die Phönizier.

Rituelle Opfer mögen also für uns heute unbekannt sein. Damals, als Jesus lebte, sowie vor seiner Zeit waren sie aber üblich. Damit bleibt nach wie vor die Frage: Warum wurden diese Opfer dargebracht? Auf jeden Fall gab es verschiedene Anlässe. Erstens waren sie ein Ausdruck der Ehrfurcht und der Dankbarkeit, wenn Menschen zum Heiligtum kamen, um Gott anzubeten. Menschen erkannten damit an, dass sie ihren materiellen Wohlstand letztlich Gott verdankten. Und in nomadischen Gesellschaften wurde Wohlstand hauptsächlich anhand der Größe von Viehherden gemessen. Indem Menschen also ein Tier für Gott opferten, gaben sie einen Teil dieses Wohlstandes an Gott zurück. Auch heute noch wird die Geldkollekte in Kirchen aus diesem Grund häufig "Opfer" genannt. Diese Kollekte ähnelt solchen Aspekten ritueller Opfer durchaus: Wir haben Wohlstand erhalten und geben einen Teil davon zurück. Da heute dieser Wohlstand in Geld gemessen wird, werfen wir Münzen und Scheine in den

Kollektenbeutel oder -korb – oder erledigen das automatisch per Bankeinzugsverfahren.

Zweitens dienten rituelle Opfer damals auch dazu, Essen verfügbar zu manchen. All das, was Menschen damals am Heiligtum grundsätzlich opfern durften, mussten essbare Dinge aus ihrem persönlichen Besitz sein. Für rituelle Opfer waren Herdentiere vorgeschrieben (Levitikus 1,2; 22,17–20), die natürlich sonst für den menschlichen Verzehr bestimmt waren. Erjagte oder sonstige wilde Tiere waren nicht zugelassen. Außerdem konnte Getreide, das mit Öl zu mischen war, als so genanntes Speisopfer dargebracht werden (Levitikus 2). Das Ganze war schließlich zu salzen (Levitikus 2,13). All dieses gehörte zu den Grundnahrungsmitteln und durfte als solches geopfert werden.

Was geschah dann mit diesen Dingen? Von allen rituellen Opfern war ein Teil an Gott zu übergeben, und dieser Teil wurde auf dem zentralen Altar vor dem eigentlichen Tempel verbrannt. (Der Altar des Tempels in Jerusalem ist oben auf S. 47 abgebildet.) Damit verband sich die Vorstellung, dass die Gaben, welche die Menschen Gott darbrachten, durch das Altarfeuer zu Gott "transportiert" wurden. Und Gott nahm solche Gaben an. In priesterlichen Texten des Alten Testaments, die Opferrituale detailliert beschreiben, erscheint bei der Verbrennung in der Regel die stereotype Bemerkung: "zum lieblichen Wohlgeruch für Jahwe" (Exodus 29,18.41; Levitikus 1,9.13.17; 2,2.9.11; 3,5.16; 4,31; 8,21; Numeri 15,3.10). Damals herrschte also die – für heutige Menschen zweifellos etwas befremdliche – Auffassung, Gott würde Opfer riechen.

Von allen rituellen Opfern (mit Ausnahme des Brandopfers nach Levitikus 1) war außerdem ein weiterer Teil für die Priester bestimmt, die das Heiligtum unterhielten und dort den Gottesdienst organisierten. Sie erhielten z.B. bestimmte Fleischanteile (Levitikus 7,28–36). Auf diese Weise wurden die Priester mit 'Unterhalt' versorgt. Und schließlich erhielten auch diejenigen, die die Opfer zum Heiligtum brachten, ihren Anteil Fleisch (Levitikus 7,11–21). Dieses wurde meist bei einem fröhlichen Fest gegessen. Es musste übrigens spätestens am dritten Tage nach der Opferung verzehrt werden (V. 17) – man bedenke, dass damals noch keine Kühlschränke existierten, weshalb Fleisch bald verdarb und ungenießbar wurde.

Opferrituale hatten also vielfältige Funktionen. Um nochmals auf den Vergleich mit der heutigen Kollekte zurückzukommen: Auch von dieser Praxis profitieren stets viele Menschen. Einerseits kommt die Kollekte der Arbeit der Kirchen zugute. Andererseits wird durch das Geld manche wohltätige Veranstaltung finanziert. Daher assoziiert die Bezeichnung einer solchen gottesdienstlichen Geldkollekte als "Opfer" in durchaus berechtigter Weise, dass der Zweck mit der Funktion ritueller Opfer aus vergangenen Zeiten vergleichbar ist.

Eine bestimmte Funktion haben wir bisher aber noch nicht thematisiert. Diese hat mit dem "Blut des Bundes" zu tun, das beim Bund am Berg Sinai erwähnt wurde. Im Judentum bestand allgemein große Ehrfurcht vor Blut. Gesetze regelten, dass Tierblut nicht verzehrt werden durfte (Levitikus 3,17; 7,26–27; Deuteronomium 12,23). Diese Gesetze wurden übrigens im frühen Christentum weiterhin beachtet (Apostelgeschichte 15,20) und gelten heute auch noch im Islam. Was war der Grund für diese Ehrfurcht? Sie hatte mit der Vorstellung zu tun, das Leben aller Geschöpfe sei in deren Blut, wie der Text in Deuteronomium 12,23 ausdrücklich feststellt. Eine ähnliche Aussage geht über diesen Zusammenhang sogar noch hinaus. Sie verbindet Blut mit Sühne, und Sühne ist eine Wirkung von rituellen Opfern:

"Denn das Leben des Fleisches ist im Blut, und ich (Gott) habe es euch (den Israeliten) für den Altar gegeben, um für euer Leben zu sühnen, denn das Blut ist es, das durch das Leben sühnt" (Levitikus 17,11).

Wozu wurde Blut von Opfertieren denn verwendet? Die biblischen Texte sehen ganz verschiedene Zwecke vor. Es wurde z.B. bei der Priesterweihe auf die Kandidaten zum Priesteramt gestrichen, um diese zu "weihen" (Exodus 29,19–21; Levitikus 8,23–24). Bei der Zeremonie des "Großen Versöhnungstages", dem jüdischen Jom Kippur, wurde das Blut von Opfertieren im Heiligtum selbst versprengt sowie an den Altar gestrichen (Levitikus 16,15–19). In beiden Fällen war der beabsichtigte "Effekt" ähnlich: Das Blut weihte die Priesterkandidaten und das Heiligtum, und das heißt, es machte sie heilig. Vor der rituellen Zeremonie galten die Kandidaten als Menschen wie alle anderen; sie waren durch Sünde verunreinigt. Nachdem sie mit Opferblut in Berührung gekommen waren, galten sie als von Sünde gereinigt, also als heilig. Nun durften sie ihren priesterlichen Dienst am Heiligtum, und zwar vor dem heiligen Gott, verrichten. Auch das Heiligtum selbst galt übrigens zunächst als unrein und musste durch Opferblut geweiht werden. Erst wenn das geschehen war, würde der heilige Gott Israels an diesem Ort residieren.

Die Wirkung solcher Weiheakte, die menschliche Sünde beseitigten, wurde im Alten Testament "Sühne" genannt. Der eben erwähnte Text in Levitikus 17,11 verbindet diesen Effekt der Sündenbeseitigung mit Blut und Leben. Dahinter steht die Vorstellung, dass Sünde den Tod repräsentiert. Blut als Symbol des Lebens kann Sünde jedoch beseitigen. Wo deshalb das Blut von Opfertieren mit Menschen in Berührung kommt, werden diese "heilig". Sie können sich nun Gott nähern und brauchen sich nicht mehr zu fürchten.

Diese Erklärungen zur Bedeutung von Opferblut und seiner Verwendung in Ritualen helfen uns, dasjenige Ritual zu verstehen, welches Mose am Berg Sinai ausführte. Um kurz zu wiederholen, was sich dort abspielte: Die Israeliten waren an dem Berg angekommen, der als Ort Gottes galt. Sie durften sich aber aufgrund ihrer Sünde dem Berg nicht nähern. Mose las dann aus dem "Buch des Bundes" vor und sprengte Opferblut, das er "Blut des Bundes" nannte, über die Israeliten (Exodus 24,6–8). Wie geht diese Erzählung weiter?

> "Da stiegen Mose und Aaron, Nadab und Abihu und siebzig von den Ältesten Israels hinauf und sahen den Gott Israels. Unter seinen Füßen war es wie eine Fläche von Saphir, so klar wie der Himmel. Und er (Gott) streckte seine Hand nicht aus gegen die Anführer Israels. Und als sie Gott gesehen hatten, aßen und tranken sie" (Exodus 24,9–11).

Hier ereignet sich ein wahres "Happy End"! Nicht nur der Prophet Mose, sondern auch andere Israeliten können auf den Berg steigen und sehen dort Gott – das wird in V. 10 und 11 immerhin zweimal ausgesagt. Danach feiern sie vor Gott eine Party mit Essen und Trinken. Das steht so tatsächlich in der Bibel!

Zu dieser überraschenden Szene ist Folgendes anzumerken. Erstens ist das Fleisch, das die Israeliten auf dem Berg essen, von den Opfertieren, die nach Exodus 24,5 vorher geopfert worden sind. In diesem Text wird nämlich – je nach Bibelübersetzung – ein "Heilsopfer" oder "Dankopfer" erwähnt, dessen Fleisch von denjenigen, die das Opfer darbringen, verzehrt werden kann.

Und zweitens sind die Israeliten geheiligt worden. Das wird durch die zwei Komponenten des Bundes bewirkt. Eine Komponente ist das "Blut des Bundes", das Mose auf die Israeliten gesprengt hatte. Dieses Blut repräsentiert Leben und vermag nach jüdischer Vorstellung die Israeliten von Sünde, also der Verfallenheit zum Tod, zu reinigen, obwohl sie sich vorher keineswegs immer vorbildlich verhalten haben. Weil das Zeichen des Lebens die Todesverfallenheit beseitigt, können die Israeliten nun vor Gott feiern. Ganz im Sinne der

73

Aussage von Levitikus 17,11 sind sie in dieser Hinsicht heilig geworden wie Priester, die vor Gott dienen. Die Wirkung dieser rituellen Handlung ist ähnlich wie die Selbstverpflichtung der Israeliten, die Weisungen im "Buch des Bundes" befolgen zu wollen. Beide Komponenten des Bundes sollen die Israeliten also auf je verschiedene Art heiligen. Und beide Komponenten tragen auf ihre Weise zu dem "Bund" bei, den Gott mit Mose und den Israeliten schloss. Damit gehört dieses Volk nun zu Gott. Das soll hier in einer Übersicht veranschaulicht werden.

### Übersicht 2:
### Der Bundesschluss am Berg Sinai

| 2 Komponenten | "Buch des Bundes" (Exodus 24,7) | "Blut des Bundes" (Exodus 24,8) |
|---|---|---|
| Voraussetzung | Die Israeliten sind von Gott getrennt | |
| Handlungen | Mose verliest das Buch vor den Israeliten; diese akzeptieren die Weisungen (Exodus 24,7) | Opfer werden dargebracht; Mose sprengt das Opferblut auf die Israeliten (Exodus 24,5.8) |
| Wirkungen | Sünde wird beseitigt; die Israeliten sind nun heilig (geweiht) | |
| Folgen | Der Bund zwischen den Israeliten und Gott ist geschlossen (Exodus 24,8); die Israeliten steigen auf den Berg Sinai; sie sehen Gott und essen und trinken vor Gott (Exodus 24,9–11) | |

Dieser überraschende Text der Tora ist den meisten Menschen von heute kaum noch bekannt. Das lässt sich schon daran erkennen, dass erfahrungsgemäß auch diejenigen, die regelmäßig zur Kirche gehen und/oder einigermaßen "bibelfest" sind, davon überzeugt sind, dass nach Darstellung des Alten Testaments kein Mensch Gott je sehen konnte. Nach Exodus 24,9–11 stiegen aber neben Mose, den zukünftigen Priestern Aaron, Nadab und Abihu auch siebzig von den Ältesten des Volkes auf den Berg "und sahen den Gott Israels".

Auch wenn die meisten heutigen Christen von diesem eigenartigen Text noch nie etwas gehört haben, war er den Juden zur Zeit Jesu sicherlich vertraut. Vielleicht kannten viele ihn sogar auswendig. Bei der Abendmahlsfeier konnte Jesus deshalb die Worte "Blut des Bundes" aus diesem Text zitieren. Seine Gefährten wussten sofort, was damit gemeint war. Mehr noch: Während die meisten heutigen Christen sich unter Opferritualen und damit zusammenhängenden Blutriten nichts mehr vorstellen können, hatten die Jünger Jesu vielleicht an den Tagen vor dem Abendmahl mit eigenen Augen ein solches Opfer- und Blutritual am Tempel zu Jerusalem miterleben können. Dieses Zentrum jüdischer Religiosität stand nämlich noch, als Jesus lebte – zerstört wurde der Tempel erst nach seinem Tod, nämlich im Jahre 70 n. Chr., als die Römer Jerusalem während des Jüdischen Krieges einnahmen. Den Gefährten von Jesus waren also einerseits der alttestamentliche Bezugstext und andererseits die Opferrituale selbst vertraut.

Was wollte Jesus denn nun aussagen, als er von seinem "Blut des Bundes" sprach? Und wie haben seine Gefährten diese Worte verstanden? Der Wein, den Jesus ihnen reichte, repräsentierte den Deuteworten zufolge sein eigenes Blut, denn diese nehmen bekannte Ausdrucksweisen aus dem Alten Testament auf (Genesis 49,11; Deuteronomium 32,14). Und dieses Blut entsprach wiederum dem Blut der Opfertiere, die am Sinai dargebracht wurden. Auch die nachfolgende Wirkung des Abendmahls war der des Sinaibundes in gewisser Weise ähnlich. Zwar wurde beim Abendmahl der Wein nicht auf die Jünger gesprengt. Indem sie aus dem Kelch tranken, kamen sie aber gleichwohl in direkten körperlichen Kontakt mit dem Wein. Wenn Jesus diesen nach dem Trinken als "mein Blut des Bundes" (Markus 14,24) bzw. als "neuen Bund in meinem Blut" (1 Korinther 11,25) bezeichnete, dann implizierte er, dass menschliche Sünde vergeben wurde. Diejenigen, die von diesem Wein tranken, waren gereinigt worden. Sie wurden wie die Israeliten, die nach der Erzählung in Exodus 24 zu Gott auf den Berg Sinai steigen und Gott dort sehen konnten. Sie wurden heilig wie Priester, die vor Gott dienten. Nach einem anderen frühjüdischen Text, der nicht im biblischen Kanon ist, galt Wein neben Brot als "hochheilig" (Testamentum Levi 8,5). Diese Heiligkeit übertrug sich auf die Teilnehmer des Mahles Jesu. Schließlich wurde auch hier ein "Bund" geschlossen. Das besagte ebenfalls, dass die Teilnehmer des Abendmahls zu Gott gehörten. Sie galten von nun an als Gottes Volk.

Das Thema "Bund" war im Judentum sehr geläufig. In der langen und wechselhaften Geschichte dieser Religion vermittelte es, dass Gott in allen Gefahrensituationen zum auserwählten Volk stehen würde. Deshalb wurden Bundesschlüsse in der Bibel immer wieder erwähnt. Drei Beispiele unter vielen seien hier angeführt.

1. Eines der beliebten prophetischen Bücher im Alten Testament bezieht sich direkt auf das besondere Blutritual, das Mose am Berg Sinai ausführte: "Und du (Tochter Jerusalem), um des *Blutes deines Bundes willen* befreie ich deine Gefangenen aus der Grube, in der kein Wasser ist" (Sacharia 9,11). Bezeichnenderweise vermittelt dieser Text

Hoffnung aus tiefer Not, denn Gott wird schließlich
Rettung bringen. Dabei wird gerade das "Blut des
Bundes" als das Merkmal erwähnt, welches Gott
dazu anregt, an das auserwählte Volk zu denken.
Denn wenn das geschieht, wird Gott dieses Volk
retten – und zwar bildlich aus einer Grube, in der
es verdurstet wäre.

2. Ein anderer prophetischer Text spricht sogar von
einem "neuen" Bund und verbindet diesen mit
der Vergebung von Sünden: "Siehe, es kommt die
Zeit, Spruch Jahwes, da will ich mit dem Hause
Israel und mit dem Hause Juda *einen neuen Bund
schließen*" (Jeremia 31,31). Dieser Bund wird sich
von dem früheren Bund unterscheiden, den Gott
mit seinem Volk schloss, um es in das gelobte
Land zu führen. Der frühere Bund war nämlich
nicht eingehalten worden (V. 32). Der neue Bund
soll jedoch anders sein: Er soll in die Herzen
der Menschen eingraviert sein. Dann wird die
Zugehörigkeit der Israeliten zu Gott nicht mehr
fraglich sein (V. 33).

3. Schließlich beziehen sich auch Texte des frühen
Christentums auf den Bund zwischen Gott und
den Israeliten am Berg Sinai. In der anonymen
biblischen Schrift "an die Hebräer" (üblicherweise
"Hebräerbrief" genannt) bemüht sich der Autor,
die Wirkung von Blutriten mit folgenden Worten
zu erklären:

"Denn als Mose alle Gebote gemäß dem Gesetz allem
Volk gesagt hatte, nahm er das Blut von Kälbern
und Böcken mit Wasser und Scharlachwolle und
Ysop und besprengte das Buch und alles Volk und

sprach: Das ist das *Blut des Bundes*, den Gott euch geboten hat. Und die Stiftshütte und alle Geräte für den Gottesdienst besprengte er desgleichen mit Blut. Und es wird fast alles mit Blut gereinigt nach dem Gesetz, und ohne Blutvergießen geschieht keine Vergebung" (Hebräer 9,19–22).

Auch diese Passage zitiert den Text über das Bundesblut aus Exodus 24,8. Hinzugefügt wird, dass verschiedene Blutrituale im Alten Testament jeweils in ähnlicher Weise reinigen. Die Notwendigkeit dieser Erklärung lässt vermuten, dass solche Details schon gegen Ende des 1. Jahrhunderts n. Chr., als dieser Text vermutlich verfasst wurde, nicht mehr allen Menschen vertraut waren. Immerhin war der Tempel in Jerusalem damals schon seit fast drei Jahrzehnten zerstört, weshalb keine Opferrituale mehr durchgeführt werden konnten. Dementsprechend war man bereits zu dieser Zeit um Erklärungen bemüht, wie menschliche Sünden im Rahmen von Opferritualen vergeben wurden.

Natürlich sind solche Rituale und ihre Wirkung heute ebenso schwer zu verstehen. Das liegt daran, dass wir, wie gesagt, kaum noch mit den zugrunde liegenden Texten der Bibel vertraut sind. Das liegt außerdem daran, dass wir andere Gottesdienst-Praktiken als vor vielen Jahrhunderten haben: Heute werden eben keine Opfertiere mehr geschlachtet, um mit deren Blut Besprengungsriten auszuführen. Manche Dinge und Vorstellungen ändern sich einfach im Laufe der Zeit.

Können wir uns andererseits noch vorstellen, dass das Trinken von Wein menschliche Sünden beseitigen kann? Dieser Gedanke fällt uns heute ebenfalls schwer. Manche Dinge, die in den biblischen Texten beschrieben oder vorausgesetzt werden, können wir modernen Menschen einfach nicht mehr vollständig nachvollziehen. Um ein weiteres Beispiel zu bemühen: In gottesdienstlichen Liturgien mancher Kirchen antworten Christen auf die Aufforderung: "Erhebet eure Herzen" mit den Worten: "Wir haben sie beim Herrn". Was genau bedeutet das? Sollen wir uns im Gottesdienst gerade hinstellen oder nach oben bewegen? Oder hat das etwas mit unseren Gefühlen zu tun, da das Herz in der Regel als Sitz der Emotionen gilt? Sollen wir uns also bemühen, Gott zu 'fühlen'? Weder die eine noch die andere Antwort ist zutreffend. Das Herz galt in der Antike nämlich nicht als Sitz der Gefühle. Die Menschen hielten es vielmehr für das Organ oder den Sitz des Verstandes und der Erkenntnis. Mit den Worten "erhebet eure Herzen" wird demzufolge die Gemeinde unter Verwendung traditioneller Formulierungen dazu aufgefordert, die Gedanken im Gottesdienst auf Gott zu richten.

Von dieser Einsicht her wird auch eine andere biblische Aussage verständlich. Im Evangelium nach Markus folgt auf die erste wundersame Brotvermehrung (Markus 6,30–44) eine Erzählung, in der Jesus zum Erstaunen seiner Jünger erstens auf dem See geht und zweitens einen bedrohlichen Sturm stillt (Markus 6,45–52). Abschließend wird einfach konstatiert: ". . . denn sie (die Jünger) waren nicht verständig geworden angesichts der Brote, sondern ihr Herz war verhärtet" (Markus 6,52). In dieser resümierenden Aussage entspricht der Umstand, dass die Jünger keine Lehren aus der vorhergehenden Brotvermehrung gezogen haben, den "verhärteten Herzen".[18] Auch dahinter steht besagtes Menschenbild der Antike. Es geht hier also um fehlendes Verständnis der Jünger.

Solche traditionellen Vorstellungen oder Redeweisen sind noch heute Bestandteil unserer Gottesdienste. Wenn wir nach ihren genauen Bedeutungen fragen, mögen sie uns fremd erscheinen. Um sie zu verstehen, müssen wir uns darum bemühen, zeitgenössische Vorstellungen von damals nachzuvollziehen. Wie gesagt, mit Hebräer 9,19–22 finden sich schon im Neuen Testament Texte, die dazu dienten, ältere gottesdienstliche Rituale des Judentums und ihre Wirkungen frühen Christen zu erklären. Zu allen Zeiten stellt sich Menschen, die mit älteren Traditionen und Begriffen umgehen, die Aufgabe, sich diese forschend und verstehend anzueignen.

*Ergebnis:* In diesem Kapitel fragten wir nach dem Sinn der Kelchhandlung beim Abendmahl. Dazu wurden die Deuteworte, die Jesus sprach, genau untersucht: "Das ist mein Blut des Bundes". Sie sind für heutige Menschen kaum noch verständlich; für Juden zur Zeit Jesu war demgegenüber sofort klar, dass hier ein wohlbekannter und zentraler Text aus der Tora zitiert wurde. Dieser Text handelt von einem Bund, den Gott mit den Israeliten am Berg Sinai schloss. Dabei spielte Blut von Opfertieren eine Rolle, welches Mose auf das Volk sprengte. Es war das "Blut des Bundes", das Leben symbolisierte und als heilig galt. Bei dieser rituellen Besprengung wurden die Israeliten geweiht, also selbst heilig. Unmittelbare Konsequenz war, dass sie auf den Berg Sinai steigen konnten, wo sie Gott sahen und feierten. Durch den Bund wurden sie zu Gottes Volk.

Beim Abendmahl, das Jesus mit seinen Jüngern feierte, wurde Blut durch Wein ersetzte. Dieser Wein hatte jedoch ansonsten ähnliche Funktionen wie das Opferblut beim Sinaibund. Beim Trinken des Weines wurden die Jünger geweiht; ihre Sünden wurden also vergeben. Auf diese Weise entstand beim Abendmahl Jesu ein "(neuer) Bund" in Analogie zum Sinaibund. Diejenigen, die daran teilnahmen, wurden deshalb Gottes Volk. Das vermittelt auch folgendes Gedicht von Lothar Zenetti:

*Das ist mein Blut, für euch geflossen,*
*im Tod hab ich mein Werk vollbracht,*
*für immer ist der Bund geschlossen,*
*der euch zum Volke Gottes macht.*
*Du schenkst uns ein das Blut der Trauben,*
*den Kelch mit bittersüßem Wein.*
*Herr, mach uns darin eins im Glauben*
*Und lass uns deine Zeugen sein.*

## Anregung für einen Workshop 1:

### Was bedeutet das "Blut des Bundes"?

1. *Bitte lesen Sie* Exodus 24,1–11; Exodus 29,19–21; Levitikus 14,10–20. Sie können diese Szenen auch nachspielen, indem verschiedene Gruppen jeweils einen der biblischen Texte inszenieren.

2. *Bitte diskutieren Sie* zunächst: Welche rituellen Handlungen haben diese Texte jeweils gemein? Was bewirken diese Handlungen den Bibeltexten zufolge?

3. *Bitte diskutieren Sie* dann: Inwiefern helfen diese Szenen, den Abendmahlstext in Markus 14,22–25 bzw. die Abendmahls-Liturgie Ihrer eigenen Kirche besser zu verstehen?

### *Der Tod Jesu und Sühne für Sünden*

Der Begriff der "Sühne" umfasst wie der des "Bundes" traditionelle Vorstellungen, die das Christentum vom Judentum übernommen hat. Wissen wir eigentlich, was mit diesem Begriff gemeint ist? Auch hier bestehen heute

Verständnisprobleme besonderer Art. Sie haben vor allem damit zu tun, dass der deutsche Begriff "Sühne" eigentlich aus dem Gerichtswesen stammt. Dort bezeichnet er Ausgleichsleistungen, durch welche Menschen aufgrund eines Gerichtsurteils Schuld aufzuheben oder zu mindern suchen. Wenn wir heute in der kirchlichen Verkündigung oder in theologischen Aussagen von Sühne hören, denken wir daher meist an solche Urteile oder Strafen. Genau das führt aber zu problematischen Vorstellungen. Gott erscheint dann gleichsam als Despot, der Menschen entweder verurteilt, oder aber einseitig als Richter, der für menschliche Verfehlungen eine Wiedergutmachung verlangt. Wie könnte nun in einem solchen Rahmen, der von Vorstellungen aus dem Gerichtswesen dominiert ist, Sühne verstanden werden, die Jesus zugunsten der Menschen erwirkte? Sie wird meist ebenfalls nur als Wiedergutmachung beschrieben, die Jesus anstelle der Menschen dargebracht hätte, oder als stellvertretende Strafe.

Es ist jedoch wichtig zu betonen: Solche Vorstellungen von Strafe oder Wiedergutmachung liegen der Sühne, die beim Bund Gottes mit den Israeliten am Berg Sinai oder bei Opferritualen erwirkt wurde, *nicht* zugrunde. Ich hatte schon dargestellt, dass Blutriten im Alten Testament einen anderen Sinn haben, denn das Blut von Opfertieren repräsentiert Leben. Es ist deswegen heilig und kann menschliche Sünde beseitigen. Der Zusammenhang dieser speziellen Eigenschaft und dieser Wirkung wird in Levitikus 17,11 als "Sühne" bezeichnet (siehe oben S. 71–72). Und genau dieser Zusammenhang war den Menschen im frühen Christentum sehr vertraut. Der Begriff "Sühne" wurde also *nicht* im Sinne von Strafe oder Wiedergutmachung verstanden. Ein kurzer Überblick über Texte im Neuen Testament, die Worte wie "Sühne", "Sühneort" usw. enthalten, macht das deutlich.

a.  Im Christentum wurde schon frühzeitig ein Bekenntnis formuliert, dem zufolge Gott Jesus als "Sühne" bzw. als "Sühneort" in seinem Blut hinstellte zum Zeichen von Gerechtigkeit. Als Paulus etwa im Jahre 56 n. Chr. den Römerbrief schrieb, nahm er Sätze aus diesem Bekenntnis auf. Er erweiterte es geringfügig, um die Art und Weise zu erklären, wie Jesus die sündigen Menschen erlöste: "... und sie (die sündigen Menschen) werden umsonst gerechtfertigt durch seine Gnade, durch die Erlösung, die in Christus Jesus ist, welchen Gott durch Glauben hingestellt hat als Sühne (oder: Sühneort) in seinem Blut zum Erweis seiner Gerechtigkeit, indem er die Sünden vergibt..." (Römer 3,24–25). Wichtig für uns ist: Sowohl die frühen Christen als auch Paulus verstanden Sühne so, dass das Blut von Jesus Sünden beseitigen konnte.

b.  In ähnlicher Weise wird im ersten Johannesbrief Jesus bezeichnet als "Sühne für unsere Sünden, nicht allein aber für die unseren, sondern auch für die ganze Welt" (1 Johannes 2,2). In dieser Schrift wird aber etwas früher auch das "Funktionieren" dieser Sühne präzisiert: "Das Blut Jesu ... macht uns von aller Sünde rein" (1,7). Wie gesagt, es geht hier nicht um stellvertretende Strafe, sondern um Reinigung.

c.  Das wird besonders in Hebräer 9–10 angesprochen. In diesen beiden Kapiteln werden zunächst die Amtshandlungen beschrieben, die der jüdische Hohepriester am Jom Kippur, also dem "Großen Sühnetag",[19] zu verrichten hat. Das Augenmerk gilt dabei vor allem den Blutriten, die der Hohepriester nach den Anweisungen in Levitikus 16,14–19 jährlich ausführte. Diese Vorschriften werden in Hebräer 9,7 rekapituliert: "In den zweiten Teil (des Heiligtums) aber (geht) nur einmal im Jahr allein der Hohepriester, (und zwar) nicht ohne Blut (von Opfertieren), das er darbringt für seine eigenen unwissentlich begangenen Sünden und für die des Volkes". Ab Hebräer 9,11 wird nun vorgeschlagen, dass die Mission Jesu in Analogie zu solchen hohepriesterlichen Aufgaben zu verstehen sei. Allerdings sei Jesus in ein himmlisches Heiligtum eingetreten. Dieses sei dem irdischen, an dem der Hohepriester seinen Dienst versah, überlegen. Ein weiterer Unterschied sei, dass Jesus eine ewig währende Erlösung erworben habe, da er "durch sein Blut" in das Heiligtum getreten sei (V. 12). Anschließend wird auch hier erläutert, wie diese Erlösung vorzustellen ist: "Denn wenn schon das Blut von Böcken und Stieren und Asche von der Kuh durch Besprengung die Unreinen heiligt, sodass sie äußerlich rein sind, wieviel mehr wird dann das Blut Christi, der sich selbst als Opfer ohne Fehl durch den ewigen Geist Gott dargebracht hat, unser Gewissen reinigen von den toten Werken, zu dienen dem lebendigen Gott" (V. 13–14). Einmal mehr wird Sühne als Reinigung beschrieben, und ganz ähnlich wird auch später argumentiert (Hebräer 9,21–22 und 10,19–22).

d.  Etwa zur gleichen Zeit wie der erste Johannesbrief und die Schrift "an die Hebräer" oder kurze Zeit später entstand im frühen Judentum das vierte Makkabäerbuch.[20] Es enthält eine bewegende

Szene, in der Eleasar und seine Söhne als Märtyrer sterben. In einer Abschiedsrede sagt Eleasar dabei mit Blick auf seinen bevorstehenden Tod, dass sein Blut "ein Reinigungsmittel" sein möge (4 Makkabäer 6,29).

Diese Texte gehen sämtlich davon aus, dass Blut eine besondere Wirkkraft hat. Deshalb gehören hier jeweils Blut, Reinigung, Vergebung von Sünden und Sühne zusammen. Diese Vorstellung ist von Opferritualen des Alten Testaments abgeleitet. Und diese Vorstellung steht letztlich auch hinter dem "Blut des Bundes", den Jesus beim Abendmahl einsetzte. Jesus blickte auf seinen baldigen Tod voraus und wollte seinen Jüngern – vielleicht aber auch allen sonstigen Menschen – vermitteln, dass dieser von besonderer Bedeutung sein würde. Um das zu vermitteln, gab er seinen Jüngern einen Kelch mit Wein und wählte den damals allseits bekannten Text vom Bund am Berg Sinai. Auf diese Weise also sühnt der Tod Jesu: Sein Blut vermag es, menschliche Sünden zu beseitigen.

*Ergebnis:* Der Tod Jesu bewirkt nach Aussagen des Neuen Testaments Sühne. Diese wäre allerdings als Straf- oder Wiedergutmachungsleistung nicht zutreffend beschrieben. Stattdessen besteht bereits bei Opferritualen des Alten Testaments die Vorstellung, dass das Blut von Opfertieren die Sünden von Menschen beseitigen kann. Dieser Vorgang wird dort ausdrücklich als Reinigung beschrieben. Wenn Jesus beim Abendmahl von seinem "Blut des Bundes" spricht, knüpft er an Sühne im Sinne einer solchen Reinigung an. Wein repräsentiert hier also das Blut Jesu, das auf diese Weise die Sünden der Menschen beseitigt.

## War der Tod Jesu ein Opfer?

To him shall endless prayer be made,
and praises throng to crown his head;
his name like sweet perfume shall rise
with ev'ry morning sacrifice.

*2. Strophe aus dem Kirchenlied Nr. 434*
*"Jesus Shall Reign" von Isaac Watts (Text) und*
*John Hatton (Musik), aus dem*
*Gesangbuch Evangelical Lutheran Worship*

Im vorhergehenden Kapitel wurden mehrfach Opferrituale in den biblischen Texten erwähnt und ihre Wirkungen und Funktionen erklärt. Nun stellt sich die Frage: Ist der Tod Jesu am Kreuz als Opfer zu verstehen? Bekanntlich ist die Rede vom Opfer Jesu in der kirchlichen Verkündigung überaus geläufig, und zwar in ganz verschiedenen christlichen Konfessionen. Außerdem findet sich verschiedentlich die Vorstellung, dass gerade das Abendmahl als Opfer zu verstehen sei: Jesus sei in Brot und Wein in der Kirche anwesend und werde vom Priester während des Gottesdienstes auf dem Altar geopfert. Dieses Opfer sei in Analogie zum Opfer am Kreuz zu verstehen. Ist der Tod Jesu am Kreuz also das Gleiche wie ein Opferritual im Alten Testament?

Allerdings ist darauf hinzuweisen, dass die Dinge in den Passionserzählungen des Neuen Testaments etwas anders dargestellt werden. Diesen Texten zufolge wurde Jesus nämlich von der römischen Besatzungsmacht Palästinas an einem Kreuz öffentlich hingerichtet. Der daran befestigte Kreuztitel mit dem Text "der König der Juden" (Markus 15,26; siehe auch Matthäus 27,37) oder "Jesus von Nazareth, König der Juden" (Johannes 19,19) besagt, dass Jesus als Messiasprätendent verurteilt wurde. Das hieß konkret, dass ihm Hochverrat und politischer Aufruhr vorgeworfen wurden. Darauf stand

Bedeutungen des Abendmahls

im Römischen Reich die Todesstrafe, nämlich Hinrichtung
durch Kreuzigung.

---

## HISTORIE UND HINTERGRÜNDE:

### Kreuzigung und Kreuztitel

Die Kreuzigung war eine besonders grausame und
entehrende Form der Exekution. Dabei wurden
Menschen mit Stricken oder Nägeln an einem Pfahl
mit oder ohne Querholz angebunden oder angenagelt.
Der Tod trat in der Regel erst nach vielen Stunden oder
sogar mehreren Tagen ein. Die Kreuzigung war in der
griechisch-römischen Antike weit verbreitet und wurde
im Römischen Reich häufig praktiziert.

Am Kreuz wurde oft eine Holztafel mit einer Aufschrift
angebracht. Da sie auf lateinisch *"titulus crucis"* heißt,
wird sie auch als Kreuztitel bezeichnet. Sie gab allgemein
den Grund für die Verurteilung an – Jesus wurde z.B.
Hochverrat bzw. Aufruhr zur Last gelegt. Nach Angaben
des Neuen Testaments war Jesu Kreuztitel auf Hebräisch
(oder Aramäisch), Lateinisch und Griechisch geschrieben
(Johannes 19,20), also neben den Amtssprachen des
Römischen Reiches auch in einer lokal verständlichen
Sprache. Der Grund für die Verurteilung Jesu konnte
folglich von Schaulustigen gelesen werden (oder konnte
Schaulustigen von Lesekundigen vorgelesen werden –
nicht alle Menschen konnten damals lesen). Ihnen
sollten die langwierigen Qualen des Gekreuzigten und
der grausame Tod zur Warnung und Abschreckung
dienen.

Wurde ein solch schockierendes strafrechtliches Ereignis damals als "Opfer" bezeichnet? In den Passionserzählungen des Neuen Testaments kommt dieses Wort interessanterweise nirgends vor. Der Grund dafür liegt in der Tatsache, dass ein rituelles Opfer etwas ganz anderes war als eine standrechtliche Exekution. Um den Unterschied zwischen beiden zu erklären, sind hier nochmals zentrale Aspekte von Opferritualen kurz darzustellen. Dazu hatte ich bereits (siehe oben S. 68–72) unter anderem Folgendes erwähnt: Opferrituale waren in den Kulturen des Alten und Neuen Testaments, aber auch in den sie umgebenden Kulturen und Religionen weit verbreitet. Opfer wurden dargebracht, weil Menschen Gott danken wollten oder spezielle Anliegen hatten. Außerdem erhofften Menschen, dass ihre Sünden vergeben würden. Geopfert wurden essbare Dinge, nämlich Herdentiere oder Getreide. Diese wurden zum Teil durch Verbrennung auf einem Altar an Gott übergeben. Ferner erhielten auch die Priester Anteile, und schließlich war nach dem Opferritual meist Fleisch zum fröhlichen Festschmaus für die versammelte Gemeinde verfügbar.

Soweit also ein kurzer Überblick über Opferrituale. Was lässt sich dem nun hinzufügen? Je nachdem aus welchem Anlass Opfer dargebracht wurden, konnte die 'Stimmung' ganz unterschiedlich sein. Die meisten Opfer wurden in feierlichen Zeremonien am Tempel dargebracht. Eine ziemlich ausführliche Beschreibung eines Opferfests liegt in 2 Chronik 29,20–36 vor: Zu Beginn seiner Amtszeit ließ Hiskia (oder: Hiskija; 725–697 v. Chr.), der neue König von Juda, die Administration und den Gottesdienst am Tempel in Jerusalem neu organisieren. Dazu versammelten sich der König, die Priester und Leviten sowie das Volk am Tempel. Nun wurde mit Zimbeln, Harfen, Zithern und Trompeten Musik gemacht (2 Chronik 29,25–26). Während der Opferrituale wurde außerdem gesungen, nämlich das

"Lied des Herrn" (V. 27) sowie die Psalmen Davids und Asafs (V. 30). Derartige Informationen machen deutlich, dass die allgemeine Stimmung bei diesem Fest ausgelassen und fröhlich war. Das wird denn auch mehrfach ausdrücklich erwähnt: "Und sie lobsangen mit Freude und neigten sich und beteten an" (V. 30); "und Hiskia und das ganze Volk freuten sich über das, was Gott dem Volk bereitet hatte ..." (V. 36). Ähnlich heiter und ausgelassen müssen wir uns wohl auch die Atmosphäre z.B. beim jüdischen Wochenfest (Levitikus 23,15–21; Deuteronomium 16,9–12) oder beim Laubhüttenfest (Levitikus 23,33–43; Deuteronomium 16,13–15) vorstellen, die mehr oder weniger mit unseren Erntedankfesten vergleichbar sind.

Ich hatte aber erwähnt, dass in der Kultur des Alten Testaments rituelle Opfer aus unterschiedlichen Anlässen dargebracht werden konnten. Während bei einigen Opferfesten ausgelassen gefeiert wurde, dominierten Trauer und Bußfertigkeit z.B. den Jom Kippur, den "Großen Sühnetag". Deshalb fastete das ganze Volk und ließ die Arbeit ruhen (Levitikus 16,29–31; 23,26–32). Diese Grundstimmung war darin begründet, dass am Jom Kippur durch die Rituale am Tempel die Sünden des Volkes beseitigt werden sollten. Außerdem wurde das Heiligtum selbst gereinigt, wie aus Levitikus 16,33 hervorgeht: "... und er (der Hohepriester) soll Sühne erwirken für das Allerheiligste und für das Zelt der Begegnung. Und für den Altar soll er Sühne erwirken, und für die Priester und für das ganze Volk der Gemeinde soll er Sühne erwirken".

Der Grund für Trauer und Bußfertigkeit am Jom Kippur lag also nicht darin, dass Opferrituale ihrem Wesen nach als traurige oder gar bedrohliche Ereignisse gegolten hätten. Ein solcher Schluss wird aber häufig gezogen, weil die Auffassung vertreten wird, dass die Tötung von Tieren bei Opferritualen im Mittelpunkt stünde. Das stimmt jedoch nicht. Erwähnt wurde bereits, dass rituelle Opfer nach den Bestimmungen des Alten Testaments an Gott übergeben wurden. Sie wurden durch das Altarfeuer zu Gott "transportiert" (siehe oben S. 70). Deshalb zählte auch das Speisopfer zu den rituellen Opfern, und dieses bestand nach Levitikus 2 aus Getreide, Öl und Weihrauch. Solche Substanzen können – wenigstens nach jüdischer oder christlicher Auffassung – nicht getötet werden. Das Speisopfer lässt folglich darauf schließen, dass nach den alttestamentlichen Ritualgesetzen nicht der Akt der Tötung oder Schlachtung darüber entscheidet, ob ein Ritual ein Opfer ist oder nicht.[21] Deshalb sollten wir auch nicht schlussfolgern, dass ein Opferritual seinem Wesen nach zwingend ein düsteres Ereignis war. Die eben angeführten Textbeispiele belegen, dass die Stimmung bei Opferfesten im Gegenteil fröhlich und ausgelassen sein konnte.

Opfer in der Bibel haben also nicht unbedingt etwas mit einem tragischen Schicksal zu tun. Damit unterscheidet sich die Verwendung dieses Begriffes davon, wie er heute meist gebraucht wird. Wir benutzen den Opferbegriff im alltäglichen Sprachgebrauch nämlich meist, wenn wir von Unfallopfern oder verwundeten oder getöteten Soldaten sprechen. Das Wort hat heute deshalb zwangsläufig einen traurigen, ja fast bedrohlichen Unterton. Dieser ist dem biblischen Opferbegriff aber völlig fremd. Deshalb wird der Begriff "Opfer" in den verschiedenen Schriften des Alten Testaments auch nie verwendet, um tragische Umstände oder Todesfälle zu beschreiben. Als z.B. der junge David bereit war, mit seinem Harfenspiel das Gemüt von König Saul zu erheitern, wurde dieser von Neid ergriffen und wollte ihn töten. Das ereignete sich dem Text von 1 Samuel 18,10–11 zufolge wiederholt – David wusste also, dass er in Gefahr war. Er blieb dennoch am königlichen Hof, um Saul zu dienen. Um zu beschreiben, was in dieser Erzählung geschieht, könnten wir heute sagen, dass David bereit war, sein eigenes Leben zu "opfern". Allerdings werden die Worte "opfern" oder "Opfer" im biblischen Text bezeichnenderweise nicht verwendet. Sie bedeuten im Alten Testament nämlich etwas anderes.

Ganz ähnlich standen die Dinge, als sich der Zwiespalt zwischen David und Saul allmählich zuspitzte, bis David sogar fliehen musste. Er wurde während dieser Zeit vorübergehend von Ahimelech und den Priestern von Nob unterstützt (1 Samuel 21,2-10). Als König Saul davon erfuhr, wertete er diese Hilfe als Ausdruck des Misstrauens ihm gegenüber. Er ließ deshalb die Priester von Nob herbeibringen und nicht nur sie, sondern auch alle Einwohner der Ortschaft Nob ermorden (1 Samuel 22,6-19). Angesichts dieses tragischen Schicksals würden wir heute erneut den Begriff "Opfer" verwenden, und zwar in doppeltem Sinne: Ahimelech und die Priester von Nob wurden einerseits Opfer ihres gutgemeinten Einsatzes zur Rettung des verfolgten David. Andererseits war Saul bereit, viele unschuldige Menschen aufgrund seiner Eifersucht, evtl. aber auch aus dem Interesse, seine Macht zu festigen, zu opfern. Erneut erscheint im biblischen Text der Begriff "Opfer" jedoch in keinem der beiden Zusammenhänge. Denn nach wie vor gilt, dass sich der Opferbegriff im Alten Testament vor allem konkret auf Opferrituale bezieht. Und dabei geht es, wie gesagt, keineswegs nur um Tod oder Tragik. Opferrituale waren Ereignisse, um mit Gott zu kommunizieren; sie konnten gleichermaßen von einer fröhlichen wie von einer ernsthaften Stimmung geprägt sein. Im heutigen Sprachgebrauch wird das Wort "Opfer" demgegenüber meist verwendet, um menschlichen Verlust oder ein tragisches Schicksal zu bezeichnen.

Es ist wichtig, sich über diese unterschiedliche Verwendung des Opferbegriffs im Klaren zu sein, bevor wir zu der Frage zurückkehren, ob der Tod Jesu am Kreuz ein Opfer war. Im Sinne der eben skizzierten unterschiedlichen Definitionen des Opfers ist diese Frage denn auch unterschiedlich zu beantworten: Nach *heutigem Sprachgebrauch* kann die politisch begründete Exekution Jesu durchaus als Opfer bezeichnet werden. Dieser Begriff vermittelt dann, dass es tragisch war und ist, wenn jemand, der im Namen der Nächstenliebe eine Mission der Gewaltlosigkeit verfolgte, durch einen rücksichtslosen Staatsapparat getötet wurde. Der *biblische Opferbegriff* beinhaltet jedoch etwas anderes – und wird daher beispielsweise in den Passionserzählungen nicht auf Jesus angewendet.

Allerdings wird Jesus in anderen Texten des Neuen Testaments doch als "Opfer" bezeichnet, und zwar tatsächlich mit Begriffen, die sonst in Opferritualen verwendet werden. Das geschieht z.B. in Epheser 5,1–2: "Folgt also wie geliebte Kinder Gottes Beispiel und wandelt in der Liebe, wie auch Christus uns geliebt und sich für uns hingegeben hat als Gabe und Opfer für Gott zum lieblichen Wohlgeruch". Was ist mit dieser Aussage gemeint? Die abschließende Wendung "zum lieblichen Wohlgeruch" ist ein Zitat aus Opferritual-Texten des Alten Testaments. Wir hatten bereits festgestellt, dass sie sich auf die Verbrennung auf dem Altar bezieht, die konkret als "Transport" der Opfergaben zu Gott verstanden wurde. Die Wendung selbst sagt aus, dass Gott die von Menschen dargebrachten Opfer annimmt (siehe oben S. 70). Wenn solche Begriffe aus dem Alten Testament im Neuen Testament auf Jesus angewendet werden, dann handelt es sich um Metaphern, also um bildliche Ausdrücke – Jesus wurde der Passionsgeschichte zufolge nämlich nicht von Priestern auf einem Altar verbrannt.

Könnten sich diese Begriffe dann vielleicht ausschließlich auf den Tod Jesu oder immerhin auf seine Bereitschaft zum Tod beziehen? Ohne Zweifel wäre eine solche geistige Einstellung bzw. innere Haltung im wahrsten Sinne des Wortes beispielhaft. Unverständlich bliebe dann aber, wie eine solche Einstellung als Vorbild für das empfohlene Verhalten dienen kann, von dem dieser Abschnitt des Epheserbriefes handelt. In den Kapiteln 4–6 werden nämlich viele Beispiele konkreter Lebenspraxis aufgelistet, die für Christen gelten sollen: "redet, was gut ist" (4,29); "seid untereinander freundlich und herzlich und vergebt einer dem anderen" (V. 32); "betrinkt euch nicht mit Wein" (5,18); "sprecht zueinander mit Psalmen und Lobliedern und geistlichen Liedern, und singt und spielt dem Herrn in eurem Herzen" (V. 19). Und für genau diese Lebenspraxis sollen sich die Menschen an Jesus orientieren, nämlich an seiner Liebe, Hingabe und an seinem "Opfer". Damit stellt sich nun die Frage: Könnten denn der Tod und/ oder die Todesbereitschaft Jesu ein anschauliches Beispiel für solches menschliches Handeln sein? Das macht allerdings wenig Sinn. Hier ist es stattdessen naheliegender, dass die plastischen Einzelheiten von Jesu gesamtem Leben als Vorbild gelten sollen. Daran wird die Liebe Gottes in besonderer Weise und anhand von vielen Beispielen sichtbar. Jesu Leben kann deshalb als Vorbild für das tägliche Verhalten der Christen dienen.

In ähnlicher Weise bittet übrigens Paulus die Gemeinde in Rom, die eigenen Leiber "als ein lebendiges, heiliges, Gott wohlgefälliges Opfer" zur Verfügung zu stellen (Römer 12,1). Er erläutert gleich anschließend, was damit gemeint ist: Die Christen in Rom sollen ihren erneuerten Sinn auf "das Gute und Wohlgefällige und Vollkommene" (V. 2) richten, sie sollen ihre vielfältigen Gaben einsetzen (V. 3–8), sie sollen fröhlich, geduldig und im Gebet beharrlich sein (V. 12), sie sollen das Böse mit Gutem überwinden (V. 21) usw. Der Begriff des Opfers bezieht sich hier keineswegs auf negative Aspekte, sondern auf all das Positive, das das Leben lebenswert und besonders macht und Nächstenliebe zum Ausdruck bringt.

Würde sich die Opfermetapher in Epheser 5,2 ausschließlich auf den Tod Jesu beziehen, dann bliebe schließlich unklar, warum diese Aussage gerade um die besagte Wendung "zum lieblichen Wohlgeruch" erweitert worden wäre. Diese drückt in Opferritualen des Alten Testaments allgemein Gottes Akzeptanz des von Menschen Dargebrachten aus. Deshalb ist für die Metapher in Epheser 5,2 zu folgern, dass das Leben Jesu trotz des schmachvollen Kreuzestodes letztlich von Gott in besonderem Maße akzeptiert wurde und als solches das Heil für die Welt bewirkte.

Etwas anders liegen die Dinge nur in der biblischen Schrift "an die Hebräer" (die in der Regel "Hebräerbrief" genannt wird und einige Jahrzehnte nach den Briefen des Paulus geschrieben wurde). Dort wird Jesus ebenfalls als Opfer bezeichnet. Dabei steht nun doch, anders als in Epheser 5,2, der Tod Jesu im Mittelpunkt. Das geht z.B. aus folgender Aussage hervor: "Und wie den Menschen bestimmt ist, einmal zu sterben, danach aber das Gericht, so wird Christus auch, nachdem er einmal geopfert worden ist, um die Sünden vieler Menschen zu tragen, zum zweiten Male ohne Beziehung zur Sünde denen zum Heil erscheinen, die ihn erwarten" (Hebräer 9,27–28). Auch hier besagt solche bildhafte Rede, dass Jesus Heil für die Welt bewirkte. Im Zentrum dieser Vorstellung steht aber einmal mehr, dass das Blut Jesu die Sünden von Menschen beseitigen kann. In Analogie zu Sühnekonzeptionen des Alten Testaments geschieht das durch das im Blut befindliche Leben, das Reinigung bzw. Vergebung von Sünden erwirkt (siehe oben S. 83–84). Solche Vorstellung steht ebenfalls hinter dem "Blut des Bundes" des Abendmahls.

*Ergebnis:* Ist der Tod Jesu als Opfer zu verstehen? Oder geht es im Abendmahl darum, dass Jesus geopfert wurde? Nach den Texten des Neuen Testaments wurde Jesus von der römischen Besatzungsmacht aus politischen Motiven, nämlich wegen Anstiftung zum Aufstand, zum Tode am Kreuz verurteilt. Ein solch abschreckendes strafrechtliches Ereignis hatte mit feierlichen Opferritualen an einem Tempel wenig gemein.

Bedeutungen des Abendmahls

Deshalb wird Jesus weder in den Passionserzählungen noch in den Abendmahlstexten noch in irgendeinem Evangelium des Neuen Testaments als "Opfer" im Sinne des Alten Testaments bezeichnet. In Epheser 5,2 gilt demgegenüber die gesamte Existenz Jesu in metaphorischer Weise als Opfer – was besagt, dass diese Existenz von Gott akzeptiert wurde und Heil für die Welt erwirkte. Im spät entstandenen Hebräerbrief zielt die Rede vom Opfer Jesu andererseits auf seinen Tod. Sein Blut vermag es in diesem Zusammenhang, menschliche Sünde durch Reinigung zu beseitigen.

## Die Bedeutung des Brotbrechens

Die Katholiken sagen, dass im Abendmahl Gott sich in Brot und Wein verwirklicht. Die Reformierten sagen, dass das Abendmahl ein Gedächtnismahl ist. Für mich ist das kein Gegensatz. Gott ist in seinem Geist immer in allen Dingen, denn er hat alles geschaffen und wirkt darin weiter. Wenn es also heißt: "Ich bin das Brot", so ist er es von Anfang an. Das Abendmahl dient mir zur Erinnerung, dass Gott durch Jesus Christus in allem wirkt und mir heute etwas Besonderes sagen möchte.
– *Klaus Busch (evangelisch, 68 Jahre alt)*

Meiner Meinung nach ist das Abendmahl
eine Erinnerung an Jesus Christus,
es soll immer wieder daran erinnern,
was er für uns getan hat.
– *Mareike Behrens (10 Jahre)*

Wir haben gesehen: Das Abendmahl ist im Kern ein einfaches Mahl, das als solches für alle Menschen verständlich ist. Das so genannte Deutewort, welches Jesus über dem Kelch mit Wein sprach, zeigt allerdings, dass Jesus selbst Vorgaben machte, wie dieser Gestus verstanden werden könnte. Jesus zitierte nämlich einen damals allseits bekannten Text, der von einem Bund zwischen Gott und den Israeliten handelte (Exodus 24,8). Um solchen interpretierenden Vorgaben folgen zu können, ist es für heutige Menschen nötig, Sühnevorstellungen und sonstige Rituale in Texten des Alten Testaments kennen zu lernen. Darum ging es in den vorhergehenden Kapiteln.

Nun stellt sich die Frage: Was bedeutet demgegenüber das Brechen des Brotes? Die diesbezüglichen Worte lauten in Markus 14,22: "Und als sie (Jesus und seine Jünger) aßen, nahm er Brot und brach es, nachdem er den Segen gesprochen hatte, und gab es ihnen und sagte: Nehmet; das ist mein Leib". Zu letzterem wurde später noch hinzugefügt: "der für euch (gegeben) ist" (siehe oben S. 25). Was kann mit allen diesen Worten gemeint sein? Bedeuten sie, dass sich das Brot in wunderbarer Weise verwandelt hätte? Hat also ein Wunder stattgefunden, nämlich ein Wandlungswunder wie bei der Hochzeit zu Kana, wo Jesus Wasser in Wein verwandelte (Johannes 2,1–11)?

Eine solche Vorstellung ist für die Abendmahls-Passage jedoch unwahrscheinlich. Einerseits setzt die ganze Szene ja voraus, dass Jesus noch leibhaftig bei seinen Jüngern ist. Könnte es angesichts dessen denkbar sein, dass Brot und Wein, die Jesus den Teilnehmern des Mahls reicht, in irgendeiner Form tatsächlich sein eigenes Fleisch und Blut werden? Um eine solche Vorstellung geht es hier aber nicht. Speziell im Abendmahlstext nach Markus, immerhin dem ältesten Evangelium, ist diese Vorstellung unmöglich. Wie wir bereits sahen, sprach Jesus nach Markus 14,23–24 das Deutewort zum Kelch erst, nachdem seine Jünger getrunken hatten (siehe oben S. 15). Dieses Wort kann deshalb als Erklärung verstanden werden. Es beschreibt jedoch kein rückwirkendes Ereignis, das die Beschaffenheit oder Qualität dessen, was vorher verzehrt wurde, nachträglich geändert hätte.

Wäre andererseits ein solches Wandlungswunder im Text zum Abendmahl von Markus 14 vorausgesetzt, dann wäre das in irgendeiner Weise erwähnt worden. Wie bei der Hochzeit zu Kana wäre dann in der Erzählung anerkannt und es wäre den Leserinnen und Lesern angezeigt worden, dass ein Wunder geschehen ist (Johannes 2,9–11). In der Abendmahls-Passage nach Markus findet sich aber keinerlei Bemerkung über ein Wunder oder eine tatsächliche Verwandlung von Brot und Wein. Jesus sagte zwar, während er das Brot brach: "Das ist mein Leib". Das sagt allerdings jemand, der erstens fortwährend symbolisch redete (Matthäus 16,5–12; Johannes 4,5–14) und zweitens oft Gleichnisse verwendete (Markus 4,1–34; Matthäus 13,44–52). Drittens konnte Jesus auch sagen: "Ich bin das Brot des Lebens" (Johannes 6,35.48) und "ich bin das lebendige Brot" (V. 51), dann auch: "ich bin das Licht der Welt" (8,12); "ich bin die Tür zu den Schafen" (10,7); "ich bin der gute Hirte" (10,11.14); "ich bin der Weg und die Wahrheit und das Leben" (14,6) usw. Wir nehmen aber nicht an, dass sich Jesus in eine Tür oder in einen Hirten usw. verwandelte.

Alle diese Motive vermitteln jeweils in umfassender Weise, wer Jesus war und was sein Wirken auf dieser Welt für die Menschen bedeutete. Sie sind Bilder oder Symbole. Eine wundersame Wandlung geben diese Aussagen ebenso wenig her wie die Deuteworte beim Abendmahl. Das Brot, das Jesus vor seinen Jüngern segnete, brach und ihnen reichte, hatte sich folglich nicht in sein Fleisch verwandelt. Was können diese Worte dann besagt haben? Was bedeutet der Gestus des gebrochenen Brotes?

Um diese Frage zu beantworten, gehen wir wie schon beim Deutewort zum Kelch ganz einfach den Weg, nach ähnlichen Formulierungen zu suchen. Diese finden wir nicht hauptsächlich in den Texten des Alten, sondern des Neuen Testaments. Interessant ist vor allem: Wir finden solche ähnlichen Formulierungen in unmittelbarer Nähe, nämlich im Evangelium nach Markus selbst, und dann auch noch mehrfach. Aufmerksame Leserinnen und Leser, die dieses Evangelium von Anfang an durchgelesen haben, würden hier sofort an andere Erzählungen erinnert werden. Die so genannten Speisungswunder oder Brotvermehrungen kommen im Evangelium nach Markus nämlich gleich zweimal vor (Markus 6,30–44 und 8,1–9). Dort heißt es bei der Speisung der Fünftausend: "Und als er die fünf Brote und zwei Fische nahm und zum Himmel aufsah, sprach er den Segen und brach die Brote und gab sie seinen Jüngern" (Markus 6,41). Und in der Erzählung von der Speisung der Viertausend heißt es: "Und als er die sieben Brote nahm und dankte, brach er sie und gab sie seinen Jüngern" (Markus 8,6). In beiden Erzählungen liegt also eine analoge, viergliedrige Struktur vor:

*Brot (und Fische) nehmen – Segen/Dank sprechen – Brot brechen – den Jüngern geben.*

Diese Struktur entspricht zeitgenössischen jüdischen Mahlsitten, und sie liegt auch der Erzählung des Abendmahls zugrunde. Bei fortlaufender Lektüre des Evangeliums nach Markus wäre uns eine solche Wiederholung wahrscheinlich aufgefallen (siehe dazu auch unten, S. 102).

Das Brechen und Verteilen des Brotes, das Jesus vorher gesegnet hatte, sind nicht isoliert zu sehen. Das Abendmahl knüpft vielmehr deutlich an die beiden Speisungswunder an. Worum geht es also bei diesen Erzählungen, und was tragen sie zum Verständnis des Brotbrechens beim Abendmahl bei? Im Alten Testament und im frühen wie auch im zeitgenössischen Judentum bestand erstens die Erwartung, dass Propheten als

Gesandte Gottes auf wundersame Weise viele Menschen mit wenigem sättigen können.[22] Jesus wird in den Erzählungen von der Brotvermehrung folglich als ein solcher Gesandter Gottes vorgestellt. Deshalb ist zu erwarten, dass er besondere Macht "von oben" hat. Angesichts dessen sollten die Jünger nicht allzu erstaunt sein, wenn Jesus sich im Anschluss an die Brotvermehrung als Herr über die Naturgewalten präsentiert – er kann nun über einen See gehen und dem Sturm befehlen. Die Jünger erkannten aber nicht, dass die Brotvermehrung darauf schließen ließ, wer Jesus war. Mit beinahe frustriertem Unterton wird ihre fehlende Einsicht konstatiert: ". . . sie (die Jünger) waren nicht verständig geworden angesichts der Brote, sondern ihr Herz war verhärtet" (Markus 6,52).[23]

Die zwei Erzählungen von der Brotvermehrung zeigen ferner, dass Jesus sich um bedürftige Menschen kümmerte. Nach Markus 6,34 und 8,1 sammelte sich um ihn jeweils eine "große Volksmenge". Diese Begriffe bezeichnen in der Regel einfache Menschen niedrigeren Standes. Um deren Fürsorge ging es Jesus besonders. Deshalb widmete er sich in seinem gesamten Wirken bevorzugt leidenden oder ausgegrenzten Menschen. So hat er Kranke (Markus 5,21–34; 7,24–30) und körperlich Versehrte geheilt (Markus 2,1–12; 7,31–37; Johannes 9), sogar Tote auferweckt (Markus 5,35–43; Johannes 11,1–45), eine verurteilte Frau gerettet (Johannes 7,53–8,11) und Sünden vergeben (Markus 2,5; Lukas 7,47). Lothar Zenetti beschreibt diese existentielle Fürsorge von Jesus prägnant mit folgenden Worten:

*Was Jesus für mich ist? – Einer der für mich ist.*
*Was ich von Jesus halte? – Daß er mich hält.*

Zu beachten ist weiterhin: In einer Gesellschaft, in der sowohl Armut als auch Leiden und körperliche Versehrtheit als gerechte Strafen Gottes galten (Johannes 9,2), waren leidende Menschen zudem sozial ausgegrenzt und damit doppelt stigmatisiert. Demgegenüber hatte Jesus eine ganz andere Sicht der Dinge und kümmerte sich um die 'Verlierer' der Gesellschaft. Er gab ihnen ihre Würde zurück, indem er ihre Integration in die Gemeinschaft ermöglichte.

In den Erzählungen von der Brotvermehrung versinnbildlicht Hunger allgemein menschliche Bedürftigkeit. Als Jesus lebte, war Nahrung knapp – sehr viel knapper als in der heutigen westlichen Welt. Lebensmittel hatte deshalb einen größeren Stellenwert. In den Evangelien symbolisiert Brot zunächst Nahrung ganz allgemein. Es symbolisiert aber auch das, was Menschen am dringendsten brauchen. Damals, als Jesus lebte – und übrigens auch heute noch an den meisten Orten dieser Welt – war das Nahrung. Für uns in der heutigen westlichen Welt ist das vielleicht etwas anderes. Was würden wir am dringendsten benötigen? Menschliche Zuwendung? Zeit?

*Die wunderbare Zeitvermehrung*

*Und er sah eine große Menge Volkes,*
*die Menschen taten ihm Leid, und er redete*
*zu ihnen von der unwiderstehlichen Liebe Gottes.*

*Als es dann Abend wurde, sagten seine Jünger:*
*Herr, schicke diese Leute fort,*
*Es ist schon spät, sie haben keine Zeit.*

*Gebt ihnen doch davon, so sagte er,*
*gebt ihnen doch von eurer Zeit!*

*Wir haben selber keine, fanden sie,*
*und was wir haben, dieses wenige,*
*wie soll das reichen für so viele?*

## Bedeutungen des Abendmahls

*Doch war da einer unter ihnen, der hatte*
*wohl noch fünf Termine frei, mehr nicht, zur Not,*
*dazu zwei Viertelstunden.*

*Und Jesus nahm, mit einem Lächeln,*
*die fünf Termine, die sie hatten,*
*die beiden Viertelstunden in die Hand.*
*Er blickte auf zum Himmel, sprach*
*das Dankgebet und Lob,*

*dann ließ er austeilen die kostbare Zeit,*
*durch seine Jünger an die vielen Menschen.*
*Und siehe da: Es reichte nun das wenige für alle.*
*Am Ende füllten sie sogar zwölf Tage voll*
*mit dem, was übrig war an Zeit,*
*das war nicht wenig.*

*Es wird berichtet, dass sie staunten.*
*Denn möglich ist, das sahen sie,*
*Unmögliches bei ihm.*

*– Lothar Zenetti*

Ein dritter Aspekt ist, dass die erste der beiden Brotver-mehrungen im Kontrast zur unmittelbar vorhergehenden Erzählung über die Tötung von Johannes, dem Täufer steht (Markus 6,14–29). Der Entschluss zu diesem Mord fällt auch bei einem Mahl. Es ist aber ein Festessen von König Herodes "für seine Großen und die Obersten und die Vornehmsten von Galiläa" (Markus 6,21). Bei Mählern und Empfängen werden noch heute wichtige Entscheidungen getroffen, von denen nicht selten Leben und Tod anderer abhängen. Die bezeichnende Abfolge der Erzählungen vom Tod des Täufers (Markus 6,14–29) und vom Speisungswunder (V. 30–44) will darauf hinweisen, dass teure und aufwändige Gelage manchmal Verderben und Not hervorrufen, einfachste

## HISTORIE UND HINTERGRÜNDE:

### Wie lesen Christen die Bibel?

Biblische Texte werden in der christlichen Kirche von heute im Gottesdienst vorgelesen. Manche Leute lesen auch zu Hause in der Bibel. Für die Lektürepraxis in manchen Kirchen gilt, dass jeweils einzelne Abschnitte aus dem Alten und Neuen Testament verlesen werden, die sich anhand bestimmter Aspekte entsprechen. Auf diese Weise wird zum Ausdruck gebracht, dass nicht nur die Texte des Neuen, sondern auch die des Alten Testaments als heilige Schriften der christlichen Kirche gelten. Beide beziehen sich aufeinander und gehören letztlich zusammen. Es war damals wichtig, das nachdrücklich zum Ausdruck zu bringen, denn zu Beginn des 2. Jahrhunderts n. Chr. hatte der Kirchenführer Marcion aus Sinope (gestorben 160 n. Chr.) vorgeschlagen, das Christentum sollte sich vom Alten Testament völlig distanzieren.

Allerdings wird aufgrund der heutigen kirchlichen Lektürepraxis ein Textabschnitt meist nie im weiteren Kontext seines Kapitels oder sogar des gesamten Buches gelesen. So bleibt der größere Erzählzusammenhang in der Regel unberücksichtigt. Viele, die in unseren christlichen Kirchen der Verlesung biblischer Texte folgen, bemerken deshalb nicht, dass manche Texte in vergleichbarer Form mehrfach vorkommen, so z.B. die zwei Speisungswunder in Markus 6,30–44 und 8,1–9 oder die drei so genannten Leidensankündigungen Jesu in Markus 8,31–33; 9,30–32 und 10,32–34. Außerdem bleibt unbemerkt, dass einzelne Abschnitte oft in einer speziellen inhaltlichen oder sonstigen Verbindung zu vorhergehenden oder nachfolgenden Passagen stehen, z.B. die so genannte erste Leidensankündigung Jesu in Markus 8,31–33 gezielt nach der Aussage des Petrus, dass Jesus der Christus sei (Markus 8,29). Es lohnt sich also, biblische Bücher einmal durchgehend oder "am Stück" zu lesen – dazu sind sie damals eigentlich geschrieben worden!

Mähler dagegen Leben und Segen vermitteln können. Das Abendmahl steht in der Tradition solcher einfachen Mähler. Hier sind aber Segen und Verderben zugleich manifest: Es ist ein Mahl, das menschliche Verbindung konstituiert und Sündenvergebung bewirkt. Insofern Jesus allerdings ebenfalls auf den bevorstehenden Verrat und die Verleugnung hinweist, ist auch Verderben anwesend.

Auffällig ist überhaupt, dass Mähler häufig Kontexte für das Wirken Jesu sind. Und somit knüpft das Abendmahl wohl direkt an die Brotvermehrungen an, darüber hinaus aber auch an all die anderen Situationen im Leben Jesu, deren Rahmen ein Gastmahl war. Dazu gehören etwa das Mahl mit "vielen Zöllnern und Sündern" im Haus des Levi (Markus 2,15–17), die Salbung in Betanien (14,3–9), die Einladung bei Zachäus, dem Oberen der Zöllner (Lukas 19,1–10) und die Hochzeit zu Kana (Johannes 2,1–11). Das Abendmahl kann dann aber auch als Bezugspunkt vieler Gleichnisse Jesu gesehen werden, deren Hintergrund ein Mahl ist, etwa das Gleichnis vom "großen Gastmahl" (Lukas 14,15–24). Ebenso ist bei der berühmten Geschichte vom verlorenen Sohn der eigentliche Stein des Anstoßes, dass der barmherzige Vater ein Freudenmahl zugunsten des wiedergekehrten Sohnes veranstaltete (Lukas 15,30).[24]

Was haben fast alle diese Mahlfeiern, die in neutestamentlichen Texten erwähnt werden, gemein? Sehen wir uns die Leute einmal genauer an, die Jesus dort traf und die ihm überhaupt folgten. Dann fällt auf, dass sie ein recht bunter Haufen waren! Durch den Glauben an Gott und die Taufe wird aus diesen vielen Menschen unterschiedlichster Herkunft eine Gemeinschaft. Paulus fasst das später mit folgenden Worten zusammen: "Da ist nicht Jude noch Grieche, da ist nicht Sklave noch Freier, da ist nicht Mann und Frau; denn ihr alle seid einer in Christus Jesus" (Galater 3,28).

# Wie ein Mahl Welten bewegt

Die Tatsache, dass sich um Jesus sehr gegensätzliche Menschen scharten, ist auch im unmittelbaren Umkreis Jesu sichtbar. Unter seinen Jüngern befand sich einerseits Levi/Matthäus (Markus 2,14/Matthäus 9,9), der Zöllner war und als solcher üblicherweise mit den Römern zusammenarbeitete. Andererseits war da Simon, der Kananäer, der in Lukas 6,15 auch "Zelot" genannt wird. Als solcher gehörte er einer jüdischen Gruppe an, die sogar bereit war, mit Waffengewalt gegen die römische Herrschaft zu kämpfen. Levi/Matthäus und Simon, der Kananäer, folgten aber dennoch beide Jesus nach. Daran wird sichtbar, dass die Gruppe, die Jesus anführte, keine esoterische Gruppe war, also keine zurückgezogene Gruppierung, der es primär um geheime Lehren ging. Sie war vielmehr eine exoterische Gruppe, die also nach außen hin offen war und geradezu aggressiv Gemeinschaft über gesellschaftlich vorgegebene Grenzen hinweg suchte. Das zeigte sich vor allem bei Mahlfeiern.

Jesus setzte sich zu seiner Zeit mit Vorstellungen einer offenen und inklusiven Gesellschaft von der standesbewussten und streng hierarchisch strukturierten Umwelt ab. Seine Lehren und seine Gegenwart sowie die seiner Jünger mussten als Provokation gelten. Es war deshalb absehbar, dass der Konflikt mit der Umwelt eskalieren würde. Insofern war auch der Kreuzestod von Jesus absehbar. Beim Mahl vor dem Abendmahl erwähnte Jesus den Verrat, der zu seiner Verhaftung führen sollte (Markus 14,17-21). Das Abendmahl selbst war also nicht nur ein fröhliches Festessen wie viele andere. Es stand im Schatten des bevorstehenden grausamen Todes von Jesus. Auch diesen Aspekt des Wirkens repräsentierte das Brechen des Brotes. Dieses Brot, von dem er sagte: "das ist mein Leib", fordert das andauernde Gedächtnis an – und die andächtige Vertiefung in – die lebensspendende Heilsgeschichte, in der Jesus die Gnade und Liebe Gottes für diese Welt sichtbar machte. Insofern gab sich Jesus für andere hin, damit diese leben konnten.

Diese Hingabe wird im Brechen, Verteilen und Essen des Brotes, aber auch beim Trinken des Kelches in einzigartiger Weise versinnbildlicht. Aufgrund dessen kann die Kirche von der Realpräsenz Jesu, also von seiner wirklichen Anwesenheit beim Abendmahl sprechen.[25] In den Worten von Michael Welker: "Es ist die schöpferische, anderen zugute kommende Hingabe, das schöpferische freie Sich-selbst-Hineinversetzen in andere, die in dieser Identifikation mit dem Brot und dem Wein Ausdruck findet. In dem in der Mahlfeier in Erinnerung an Christi Hingabe ausgeteilten Brot wird das Wesentliche, das Entscheidende, die Wahrheit der Person Christi konzentriert vergegenwärtigt".[26] Dieser Aspekt der erinnernden Vergegenwärtigung mag sich zum Teil dem Rahmen des Passa verdanken. Bei diesem jüdischen Fest war das Essen selbst symbolischer Bestandteil der Erinnerung daran, dass die Israeliten aus der Sklaverei gerettet worden waren (siehe oben S. 60).

*ICH KENNE EINEN . . .*

*der ließ sich von uns die Suppe versalzen*
*der ließ sich von uns die Chancen vermasseln*
*der ließ sich von uns das Handwerk legen*
*der ließ sich für dumm verkaufen*
*der ließ sich einen Strick drehen*
*der ließ sich an der Nase herumführen*
*der ließ sich übers Ohr hauen*
*der ließ sich von uns in die Pfanne hauen*
*der ließ sich von uns aufs KREUZ legen*
*der ließ sich von uns Nägel mit Köpfen machen*
*der ließ sich zeigen was ein Hammer ist*
*der ließ sich von uns festnageln auf sein Wort*

# Wie ein Mahl Welten bewegt

*der ließ sich seine Sache was kosten*
*der ließ sich sehen am dritten Tag*
*der konnte sich sehen lassen*

– Lothar Zenetti

*Ergebnis:* Im Brotbrechen des Abendmahls konvergieren die verschiedenen Speisungswunder und Mahlszenen der Evangelien. Das Brotbrechen weist also zurück auf zentrale Stationen des Wirkens Jesu. Speziell die Speisungswunder (Markus 6,30–44 und 8,1–9) lassen Jesus als Gesandten Gottes erkennen, der sich um bedürftige Menschen unterschiedlichster Herkunft kümmert. Bei Erzählungen von Gastmählern in den Evangelien wird immer wieder deutlich, dass Jesus die Gemeinschaft von solchen Menschen sucht, die von anderen für Sünder gehalten werden und gesellschaftlich geächtet sind. Ihnen gilt sein irdisches Wirken in besonderer Weise. Im Brechen und Essen des Brotes kommt dieses Anliegen gleichnishaft zum Ausdruck und wird sinnlich wahrnehmbar. Deshalb versinnbildlicht der Brotgestus die Hingabe Jesu für uns Menschen und für diese Welt.

## Anregung für einen Workshop 2:

### Was bedeutet das Brechen des Brotes?

1. *Bitte lesen Sie* Markus 2,13–17; 6,30–44; 8,1–9; Lukas 19,1–10 oder spielen Sie diese Szenen nach.

2. *Bitte diskutieren Sie:* Welches Umfeld ist diesen Szenen jeweils gemein? Welche Menschen begegnen Jesus?

3. *Bitte lesen Sie* dann Markus 14,22–25.

4. *Bitte diskutieren Sie* dann: Werden angesichts dieser biblischen Texte neue Aspekte der Abendmahlsworte erkennbar?

## Essen stiftet menschliche Gemeinschaft

Die Eucharistie vermittelt Friede, Kraft und Inspiration. Die Eucharistie macht Gnade zu etwas, das wir essen und genießen können (wenn der Wein gut ist!).

*– Val From*

Das Abendmahl ist spürbar erlebte Gemeinschaft mit Jesus und "Glaubensgeschwistern". In Brot und Wein (Schmecken und Sehen) wird die Nähe Jesu, also seine Gegenwart, neu ins Bewusstsein gerückt und die Verbindung untereinander durch ihn.

*– Christel Paladey (46 Jahre)*

Heute ist leider vielfach der Sinn dafür verloren gegangen, dass gemeinsames Essen menschliche Gemeinschaft begründet. Das war aber früher ganz anders. Im antiken Griechenland aß man gemeinsam in einer Hausgemeinschaft; ein Fremder konnte dabei nicht einfach teilnehmen. Deshalb nannte Aristoteles die Mitglieder einer Hausgemeinschaft *homokapoi*, also "diejenigen, die am selben Tisch essen". Sollte andererseits ein Fremder eingeladen werden, dann war dieser erst einmal zum Herd, dem Zentrum des Hauses, zu führen, um an einem Mahl teilzunehmen. So wurde diese Person gleichsam ein Mitglied der Familie; erst danach war weiterer Kontakt möglich. Über Esspraktiken entschied sich deshalb, wer zu einer Gruppe gehörte und wer nicht.

In der damaligen griechisch-römischen Welt wurden aufgrund dieser gemeinschaftsstiftenden Funktion häufig

Symposien gehalten, also üppige Gelage. Es war wichtig, daran teilzunehmen, da bei solchen Gelegenheiten soziale Kontakte geknüpft und gepflegt wurden. Das gesellschaftliche Ansehen einzelner Personen oder ganzer Familienverbände beruhte weitgehend darauf, bei wem sie zu Symposien eingeladen wurden. Ähnliches gilt übrigens noch heute in vielen anderen Kulturen und Gesellschaften. Deshalb nennen Kulturwissenschaftler und Anthropologen gemeinschaftliches Essen und Trinken auch "Inkorporationsriten".

Außerdem war allseits bekannt: Speziell Brot, das gebrochen und unter vielen Menschen verteilt wird, führt diejenigen, die davon essen, zu einer unzertrennbaren Einheit zusammen. So war es im Römischen Reich üblich, dass bei einer Eheschließung Mann und Frau gemeinsam Brot aßen. Diese gemeinschaftsstiftende Macht des Brotessens ist noch in dem Wort "Kompagnon" manifest, das in etwa dasselbe wie "Gefährte" bedeutet. "Kompagnon" stammt vom französischen *compagnon*, das wiederum vom lateinischen *"companio"* entlehnt ist. Beide Worte enthalten gleichermaßen das Wort "Brot", nämlich im Lateinischen *"panis"* und im Französischen *"pain"*. Das bedeutet: ein Kompagnon ist vom Wortsinn her jemand, mit (lateinisch *"cum"*) dem man gemeinsam Brot isst. Wir könnten das Wort auch als "Brotgenosse" übersetzen. Vermutlich leiten sich auch die deutschen Worte "Gemahl" und "Gemahlin" bzw. "vermählen" von solchen Vorstellungen ab. Sie setzen voraus, dass sich zwei Menschen bei einem Mahl zu einem Ehepaar verbinden. In der Tat wird in allen Kulturkreisen bei Hochzeiten ja meist üppig gegessen.

Ähnliche Vorstellungen galten für Israel und das frühe Judentum. In deren traditionellem Jahreszyklus wurden unterschiedlichste Feste gefeiert (Exodus 23,14–19; Levitikus 23; Numeri 28–29; siehe auch oben S. 89). Diese mündeten meist in Feierlichkeiten, bei denen viel gegessen und getrunken wurde. Dabei vergewisserte man sich der eigenen Identität und knüpfte oder pflegte Kontakte. Ähnliches gilt heute noch bei vielen Indianerstämmen in Nordamerika, die sich in der Regel jährlich zum althergebrachten "Pow-wow" treffen. Dabei wird getrommelt, getanzt, gegessen, und oft werden politische, kulturelle oder sonstige wichtige Entscheidungen getroffen. In der modernen westlichen Kultur gibt es bekanntlich große Festessen vor allem bei Familienfeiern anlässlich bestimmter Festtage wie Weihnachten, Ostern, Erntedank oder zu wichtigen Lebensetappen (Geburt/Taufe, Beerdigung). Sie finden oft im familiären Kreise statt. Auch hier lässt sich also erkennen, wer zur Familie dazugehört und wer nicht.

Zur Zeit Jesu war die gemeinschaftsstiftende Wirkung von Mahlfeiern sehr wohl bekannt. Nur so erklärt sich, warum Jesus scharf kritisiert wurde, als er zusammen mit Zöllnern und Sündern aß (Markus 2,16). Dahinter standen Bedenken, dass eine dauerhafte Beziehung mit gesellschaftlichen Außenseitern bzw. nicht standesgemäßen Zeitgenossen begründet werden könnte. Für Jesus war aber gerade solche Gemeinschaft über soziale Grenzen hinweg ein Ausdruck von Gottes Reich auf der Erde. In seiner Korrespondenz mit der Gemeinde in Korinth spricht später Paulus mit Blick auf das Abendmahl von dieser Wirkung:

"Der Kelch der Segnung, den wir segnen, ist der nicht die Gemeinschaft des Blutes von Christus? Das Brot, das wir brechen, ist das nicht die Gemeinschaft des Leibes von Christus? Weil ein Brot da ist, sind wir, die vielen, ein Leib, denn wir alle nehmen teil an dem einen Brot" (1 Korinther 10,16–17).

Trinken und Essen verbinden also Menschen miteinander. Paulus zufolge wird einerseits das Brot beim Abendmahl

als "Leib Christi" bezeichnet, andererseits aber auch die
Menschen, die davon essen (1 Korinther 12,12–31). Kontakt
und Integration von Menschen waren entscheidende
Merkmale der Mission Christi. Wer am Abendmahl teilnimmt,
wird deshalb an Jesus und sein Leben erinnert. Und auch
daran, dass Jesus starb, weil er nicht immer den Vorstellungen
anderer entsprach.

Unserer heutigen Fast-Food-Gesellschaft ist der Sinn für
diese Dimension von Essen leider weitgehend abhanden
gekommen. Es gibt aber doch noch vereinzelte Beispiele für
die vereinende "Macht" gemeinsamen Essens: Im Juli 2009
versuchte Barack Obama, der 44. Präsident der USA, durch
eine Einladung zu einem gemeinsamen Mahl den Konflikt
zwischen Henry Louis Gates, einem Professor der Harvard
Universität, und James M. Crowley, einem Polizisten aus
Cambridge (Massachusetts, USA), beizulegen. Crowley hatte
vorher Gates, der afrikanischer Herkunft ist, versehentlich vor
dessen eigener Wohnung festgenommen, weil er ihn für einen
Einbrecher hielt. Der Fall hatte in den USA wegen möglicher
rassistischer Motive bei der Festnahme für Aufregung gesorgt.
Sogar Präsident Obama hatte die Polizeiaktion anfangs
kritisiert. Um die Wogen der Aufregung zu glätten, beschloss
Obama schließlich, Gates und Crowley zu einem gemeinsamen
Essen in das Weiße Haus nach Washington, D.C., einzuladen.
Diese Geste verfehlte in der Tat ihre versöhnende Wirkung
nicht.

Hingewiesen sei darauf, dass Essen es erlaubt, Kontakte
in geradezu elementarer Art und Weise zu knüpfen, und
zwar auch dann, wenn andere Formen der Kommunikation
unmöglich sind. Das erleben wir immer wieder, wenn
ein Kind geboren wird. Wie können wir aber mit einem
Baby kommunizieren? Bekanntlich dauert es viele Monate,
bis wir mit ihm sprechen können. Bis dahin wird die
elterliche Zuwendung und Liebe auf andere Art und Weise

ausgedrückt, so vor allem durch Stillen oder die Zubereitung von Babybrei als altersgerechter Nahrung. Natürlich zeigt sich dabei auch, zu wem das Baby gehört, denn meist wird es durch die Eltern, Verwandten oder besonders beauftragte Personen versorgt. Anhand der Esspraxis lassen sich also soziale Verbindungen erkennen: Wer zusammen isst, gehört zusammen!

Außerdem erlaubt Essen als elementarste Form der Verständigung auf dieser Welt es sogar, zwischen unterschiedlichen Spezies zu kommunizieren. Das lässt sich z.B. durch das Füttern von Tieren belegen: Mit Fischen, Katzen, Hunden oder Vögeln ist, einmal abgesehen von speziell trainierten Haustieren, kein wirkliches Gespräch möglich. Die meisten Tiere fliehen sogar, wenn Menschen sich ihnen nähern. Wir alle haben aber schon erlebt: Wenn wir Futter mitbringen, dann kommen sie unter Umständen herbei. So ist eine "Begegnung mit der anderen Art" möglich, sogar mit der Ente im See des Stadtparks, den Fischen im Aquarium oder der Ziege auf der Streichelwiese im Zoo.

Das Leben auf dieser Erde ist durch Unterschiede zwischen den verschiedensten Arten von Lebewesen gekennzeichnet, und auch Menschen grenzen sich voneinander anhand von Nationalität, Abstammung, Muttersprache, Standes- oder Religionszugehörigkeit, politischer Gesinnung, Geschlecht, Alter usw. ab. An solchen gesellschaftlichen Grenzen entzünden sich nicht selten Konflikte und sogar Kriege. Angesichts dessen sind gemeinschaftliches Essen und das Feiern von Festen Möglichkeiten, derartige Grenzen zu überwinden. Das Abendmahl wurde von Jesus als eine Institution eingesetzt, die genau darauf hinzielt. Als solches war und ist es eine Institution, die Gottes Liebe für alle Menschen zum Ausdruck bringt. Solche Liebe kann unter Menschen durchaus spürbar werden. Nicht umsonst erwähnt Lukas in der Apostelgeschichte, dass die ersten Christen sich

# Wie ein Mahl Welten bewegt

üblicherweise in ihren Häusern trafen, um das Brot zu brechen und miteinander zu essen, und das geschah "mit Freude" (Apostelgeschichte 2,46). Das ist nicht verwunderlich; die Nachricht von Gottes Liebe für die Menschen ist immerhin noch heute als "frohe Botschaft" bekannt.

*Ohne dich*
*den großen Wanderer*
*und deine entscheidenden Fußspuren im Sand*
*kommen wir keinen Schritt weiter*

*Ohne dich*
*und deinen strahlenden Blick aus Licht*
*der die Augen auftat den Blinden*
*erlöschen die Kerzen auf unseren Altären*

*Ohne dich*
*und die Unwiderstehlichkeit*
*deiner sanften Stimme, die uns zu teilen heißt,*
*geht uns noch heute das Brot aus*

*Ohne dich*
*du spendabler Gast*
*bei der fröhlichen Hochzeit von Kana*
*reicht unser Wein nicht zum unaufhörlichen Fest*
*– Lothar Zenetti*

Wer am Abendmahl teilnimmt, gehört zum Leib Christi und ist Kind Gottes. So wird Gottes Gnade tatsächlich äußerlich sichtbar und sinnlich wahrnehmbar. Wir werden auf diese Weise daran erinnert, dass Gottes Gnade und Liebe für Menschen nicht nur anhand von Lehre oder Predigt zugänglich sind. Wer am Abendmahl teilnimmt, hat Gottes Gnade und Liebe nicht primär mit dem Verstand erfahren, sondern einerseits sinnlich, nämlich durch den Geschmack, andererseits als soziales Phänomen, nämlich durch die Integration in eine Gemeinde. So erfahren Menschen Gottes Gnade und Liebe in einer Weise, die sie unter Umständen gar nicht zu artikulieren imstande sind. Diese Erfahrungen gehören zur Nachfolge Christi dazu.

An diese Überlegungen lässt sich noch eine Anregung anschließen: Wenn das Abendmahl in der Tat Zentrum christlicher Frömmigkeit und Theologie ist, dann führt es Christinnen und Christen in ihrem Verhalten anderen bzw. außenstehenden Menschen gegenüber nicht dazu, diese zu indoktrinieren. Dabei soll ohnehin meist nur die vermeintlich eigene Überlegenheit zum Ausdruck gebracht werden. Wenn Frömmigkeit jedoch vom Abendmahl her geprägt ist, dann sollten Christen anderen bzw. außenstehenden Menschen eher begegnen, indem sie diese zu Feiern einladen. Solche Feiern gehören zur Sphäre der Erfahrung, des Teilens und der gemeinsamen Freude.

*Ergebnis:* Wie stiftet Essen menschliche Gemeinschaft? In der griechisch-römischen Antike waren Symposien (üppige Gelage) Anlässe, um soziale Kontakte zu knüpfen und zu pflegen. Ähnliches galt für die unterschiedlichen Jahresfeste, die bei den Israeliten und im frühen Judentum gefeiert wurden. Essen erlaubt außerdem, Kontakte dann zu knüpfen, wenn andere Formen der Kommunikation unmöglich sind. Im Abendmahl hat Jesus ein ritualisiertes Mahl gegen die Tendenz der Menschheit eingesetzt, andere immer wieder aus unterschiedlichsten Gründen auszugrenzen. Das Abendmahl drückt so aus, dass das Reich Gottes grundsätzlich für alle Menschen da ist.

## Anregung für einen Workshop 3:

### Essen stiftet menschliche Gemeinschaft

Sehen Sie sich einmal den Film "Babettes Fest" (das dänische Original heißt "Babettes Gæstebud") von Gabriel Axel an, der im Jahr 1987 immerhin mit einem Academy Award (Oscar) ausgezeichnet wurde. Oder lesen Sie die Novelle der Autorin Karen Blixen, auf der dieser Film basiert. Buch und Film handeln davon, was ein mit Liebe – allerdings auch mit viel Aufwand – vorbereitetes Mahl vermag: Es kann einer Gruppe von Menschen wieder zu Einheit und Freude verhelfen, und zwar gerade auch frommen Menschen, die durch gegenseitige Missgunst entzweit sind.

1. *Bitte diskutieren Sie*: Haben Sie schon erlebt, wie Essen und gemeinsame Mahlzeiten Menschen untereinander verbinden?

2. *Bitte diskutieren Sie*: Gibt es in Ihrem Lebensumfeld oder in Ihrer Kirche Menschen, die aus welchen Gründen auch immer untereinander zerstritten sind? Oder ist zwischen Ihnen selbst und einer anderen Person das Tischtuch im wahrsten Sinne des Wortes zerschnitten? Was könnte getan werden, um diese Menschen wieder zusammen zu führen?

## *Zusammenfassung: Das urchristliche Abendmahl*

Gottes Zusicherung von Vergebung wird in Brot und Wein und den Worten der Verheißung empfangen.
– *Pastor David Hunter (Lutheraner)*

Weder in der Bibel noch in der christlichen Kirche gibt es eine einheitliche oder übereinstimmende Deutung der Feier mit

Brot und Wein. Es gibt ja noch nicht einmal eine einheitliche Bezeichnung für sie. Allerdings lässt sich eine Reihe von biblischen Aspekten auflisten, die jeweils für sich erlauben, Bedeutungen des Abendmahls zu benennen. Diese sind auf den vorhergehenden Seiten beschrieben worden.

Dabei wurde deutlich, dass das Abendmahl einerseits als ritualisiertes Mahl zu verstehen ist. Da alle Menschen regelmäßig an Mahlzeiten teilnehmen, ist die Symbolik des Abendmahls grundsätzlich auch allen Menschen zugänglich. Essen erlaubt insbesondere eine elementare Form der Kontaktaufnahme als Maßnahme gegen Ausgrenzung jeglicher Art und Weise.

Andererseits bezieht sich das Abendmahl auch auf religiöse Traditionen des Alten Testaments und des zeitgenössischen Judentums. So knüpft das Trinken aus dem Kelch an Sühnekonzepte an. Mit den Worten "das ist mein Blut des Bundes" zitiert Jesus nämlich einen zentralen Text aus der Tora, genauer aus der Erzählung vom Bundesschluss Gottes mit den Israeliten am Berg Sinai. Bei diesem Bund werden Sünden durch die Besprengung mit Opferblut vergeben; die Israeliten sind nun geweiht und heilig. Dieser ausdrückliche Bezug legt nahe, das Trinken des Weines, der das Leben von Jesus repräsentiert, in analoger Weise zu verstehen. Wer aus dem Kelch trinkt, ist geweiht und gehört zum Volk Gottes dazu. Beim Abendmahl wird so nach Vorstellungen frühjüdischer Tradition ein neuer Bund zwischen Gott und den Menschen geschlossen.

Das Abendmahl, das Jesus mit seinen Jüngern feierte, war als Passamahl ebenso Bestandteil dieser Traditionen. Das Passa stiftete eine Erinnerung an die Rettung der Israeliten aus der Sklaverei. Von hierher ist vor allem das Essen des Brotes als Akt der symbolischen Erinnerung zu verstehen, in deren Mittelpunkt nun die Person Jesu steht. Jesus hatte sich in seinem Leben besonders für bedürftige und ausgegrenzte

Menschen eingesetzt. Diese Dimension seines Wirkens wurde immer wieder bei Mahlfeiern sichtbar, bei denen Jesus oft in Gemeinschaft von Menschen anzutreffen war, die von anderen als "Sünder" betrachtet wurden. Jesus hat mit solchen Präferenzen gesellschaftliche und religiöse Normen fundamental in Frage gestellt. Den daraus resultierenden Konflikt mit zeitgenössischen religiösen und politischen Autoritäten hat er bis zum Tod am Kreuz ausgetragen. Dass Jesus sich für alle Menschen, speziell aber die benachteiligten, hingegeben hat, wird beim Segnen, Brechen, Verteilen und Essen des Brotes, das sein Leib ist, versinnbildlicht. Insofern ist Jesus im christlichen Abendmahl anwesend. Diese Überlegungen machen deutlich, dass der Kelch und das "Blut des (neuen) Bundes" primär an Sühnekonzeptionen des Alten Testaments anknüpfen, während sich das Brechen des Brotes auf die Hingabe Jesu bezieht, die im Neuen Testament und hier vor allem in den Evangelien thematisiert wird.

# Kapitel 4

## DAS ABENDMAHL IN DER HEUTIGEN KIRCHLICHEN PRAXIS

Das Abendmahl ist ein Loch im Universum, das uns mit Gott und der gesamten Schöpfung verbindet. Es transzendiert Sünde, Schmerzen, Trennung und unsere gefallene Natur; es bringt uns zur Ganzheit zurück.

*– Paul Blaser*

Gerade neulich habe ich im Urlaub erlebt, dass ein "Kurpastor" aus Bayern ausdrücklich alle Menschen, egal welcher Konfession und jeden Alters, zum Abendmahl eingeladen hat. Früher verließen oft die Menschen, die nicht am Abendmahl teilnehmen wollten, rechtzeitig die Kirche; das war auch hier (in unserer Kirche) teilweise der Fall.

*– Anonyme Aussage*

# Wie ein Mahl Welten bewegt

In diesem abschließenden Kapitel soll der Versuch gemacht werden, Einsichten und wesentliche Aspekte des Abendmahls, die in den vorhergehenden Kapiteln beschrieben worden sind, mit heutigen Gottesdienst-Praktiken verschiedener christlicher Konfessionen und Kirchen in Verbindung zu bringen. In welcher Weise und in welchem Maße vermitteln unsere Liturgien das, was das Abendmahl aufgrund seiner biblischen Grundlagen ist? Die folgenden Beobachtungen sind keineswegs vollständig. Sie wollen vielmehr nur erste Anregungen vermitteln, in den Handlungen unserer Gottesdienste einige grundlegende Aspekte des Abendmahls zu erkennen.

1. *Abendmahl und biblische Verkündigung*: In den vorhergehenden Kapiteln wurde zunächst einmal gezeigt: Das Brechen des Brotes knüpft an die Geschichte von Jesus an; sein "Blut des Bundes" nimmt priesterliche Sühnekonzepte auf, die im Alten Testament beschrieben sind. Eine ganz grundlegende Einsicht ist also, dass sich beide Komponenten des Abendmahls jeweils auf biblische Traditionen beziehen. Deshalb ist es in vielen christlichen Gottesdienst üblich, die Feier des Abendmahls mit der Lektüre (und Verkündigung) aus diesen Schriften zu verbinden. Nur so bleibt gewährleistet, dass die Symbolik und Bedeutung des Abendmahls für heutige Menschen verständlich wird und bleibt. Und so ist auch gewährleistet, dass das Essen des Brotes und das Trinken aus dem Kelch ein "Gedächtnis" an Jesus ist (1 Korinther 11,24–25). Deshalb hat nicht jede beliebige Feier mit Brot und Wein den Charakter eines Abendmahls. Für dieses ist nämlich der Zusammenhang von Schriftlesung, christlicher

Verkündigung und den Riten mit Brot und Wein konstitutiv.

2.  *Abendmahl und biblische Texte:* Bei der eigentlichen Feier des Abendmahls werden oft umfangreiche Abschnitte aus den neutestamentlichen Texten, die vom Abendmahl Jesu handeln, vorgelesen. Natürlich werden auch in andere Teile des Gottesdienstes Bibeltexte integriert, z.B. wenn das "Vater Unser" gebetet wird (übernommen aus Matthäus 6,9–13). Nirgends sonst kommen aber derartig umfangreiche Textpassagen im Gottesdienst vor wie bei der Abendmahlsfeier. Außerdem ist es üblich, dass diese nicht nur vorgelesen werden. Die darin enthaltene Aktion wird vielmehr inszeniert, indem Brot und Wein vorbereitet und an die gottesdienstliche Gemeinde verteilt werden. Damit weist sich dieser Teil des Gottesdienstes noch heute als dessen Höhepunkt und Zentrum aus.

    Erwähnt sei außerdem, dass die christliche Kirche mit dieser Inszenierung einer ausdrücklichen Aufforderung folgt: "*Das tut* zu meinem Gedächtnis" sagte Jesus seinen Jüngern beim letzten Abendmahl, als er ihnen das Brot reichte und auch, als er ihnen den Kelch mit Wein gab (1 Korinther 11,24–25). In diesem Sinne empfiehlt sich für die heutige kirchliche Abendmahlspraxis, sowohl Brot als auch Wein an die Gemeinde auszuteilen.

3.  *Abendmahl und Gemeinde Gottes:* In den biblischen Texten, welche die Grundlage der christlichen Abendmahlsfeier bilden, lauten die Deuteworte zu Brot und Wein: "Das ist mein Leib(, der für euch ist)"

und "das ist mein Blut des Bundes, das vergossen ist für viele" bzw. "dieser Kelch ist der neue Bund in meinem Blut" (siehe oben Übersicht 1 auf S. 36–38). Mit diesen Worten machte Jesus Vorgaben, wie er selbst das ursprüngliche Abendmahl verstand und von anderen verstanden wissen wollte. Jesu Worte sollten also auch für die Praxis des heutigen christlichen Abendmahls wegweisend sein.

Auf ein – nur scheinbar nebensächliches – Detail soll hier besonders hingewiesen werden: Das Brot ist "für euch (gegeben)" und der Wein "vergossen für viele". In biblischen Texten zum Abendmahl ist ein "für dich", also in der Einzahl, unbekannt. Das gilt ferner für andere vergleichbare Aussagen zu Erlösung und Heil im Neuen Testament. Dieses Detail ist beispielsweise im Römerbrief manifest. Auch dort werden diejenigen, denen die Rettung gilt, bezeichnenderweise als Gemeinschaft angeredet: "Wenn Gott *für uns* ist, wer kann dann *gegen uns* sein?" (8,31) Weitere vergleichbare Aussagen im Neuen Testament sind ebenfalls stets in der Mehrzahl (Plural) gehalten (z.B. Römer 5,6.8.9; 1 Korinther 15,3; 2 Korinther 5,14–15; Epheser 5,1–2).

Demgegenüber wird beim Austeilen von Brot und Wein in unseren heutigen Kirchen oft gesagt: "Der Leib Christi, für *dich* gegeben – das Blut Christi, für *dich* vergossen". Eine Wortwahl wie diese vermittelt, dass das Abendmahl oder das christliche Heil zunächst einzelnen Menschen gelten würde. Gerade das Abendmahl ist aber immer eine Einladung an Einzelne, sich zu versammeln. In einer solchen Gemeinschaft von Menschen, die sich begegnen und einander öffnen, die zusammen biblische Texte lesen, zu verstehen suchen und Gott begegnen, und die gemeinsam feiern und essen und trinken, wird Erlösung in besonderer Weise real und erlebbar. "Kommt und seht, dass der Herr gut ist" wird gelegentlich in kirchlichen Abendmahlsliturgien gesagt. In der christlichen Kirche geht es weniger um individuelles als vielmehr um korporatives Heil.

4. *Verschiedene Formen der Abendmahlsfeier*: Es gibt verschiedene Arten, Abendmahlsfeiern durchzuführen. Manche Gottesdienstordnungen sehen vor, dass die Gemeindemitglieder Schlange stehen, um sich allmählich dem Altarbereich zu nähern. Dort werden dann Brot und Wein verteilt. Andere Gottesdienstordnungen sehen sogar vor, dass die Gemeindemitglieder sich vor dem Altarraum niederknien, um dort Brot und Wein zu empfangen. In beiden Fällen ist es jedoch charakteristisch, dass sich Teilnehmer des Gottesdienstes dem Ort größerer Heiligkeit nähern dürfen. Dieser befindet sich natürlich dort, wo sich der Pfarrer, die Pfarrerin oder der Priester aufhält und den Gottesdienst leitet.

Beim Abendmahl dürfen sich Gottesdienstbesucherinnen und -besucher dem privilegierten Altarraum, der als besonders heilig gilt, weitest möglich nähern. Dieses Vorrecht kann mit dem Trinken des Kelches erklärt werden. Dieser enthält das "Blut des Bundes" und hat sühnende Wirkung. Deshalb bewirkt das Trinken des Kelches Sündenvergebung (Matthäus 26,28) und heiligt die Gottesdienstbesucherinnen und -besucher (siehe oben S. 75–76). Die Annäherung an den besonders

## HISTORIE UND HINTERGRÜNDE:

**Sakralräume und Heiligkeit**

Gebäude oder Räume, in denen sich Menschen zu Gottesdiensten versammeln und Gott anbeten, gelten als heilig. Sie werden deshalb auch "Sakralräume" genannt (von lateinisch "sacrum" – "heilig, abgegrenzt"). In diesen Gebäuden gelten allerdings nicht alle Bereiche als gleichermaßen heilig. Nach einem vereinfachten Schema ist der Bereich, an dem die Gottesdienstbesucherinnen und -besucher eintreten und sich dann während des Gottesdienstes aufhalten, weniger heilig. Mit dem Bereich, in dem der Pfarrer, die Pfarrerin oder der Priester den Gottesdienst leitet, wird demgegenüber ein höherer Grad an Heiligkeit assoziiert. In diesem Bereich befinden sich deshalb auch Objekte, die ihrerseits als besonders heilig gelten, so z.B. der Altar, Bibeln und große Kreuze/Kruzifixe. In katholischen Kirchen befindet sich hier vor allem der Tabernakel, in dem die Hostien aufbewahrt werden, die nach katholischem Glauben Leib Christi sind.

Meistens ist das Niveau des Altarraums erhöht und über Stufen zugänglich. Nicht selten ist er auch mit besonderen, roten Teppichen ausgelegt und durch Balustraden, Brüstungen oder Geländer abgegrenzt. All das kennzeichnet den Altarraum als Ort größerer Heiligkeit und signalisiert, dass die "normalen" Gottesdienstbesucherinnen und -besucher nicht beliebig Zugang haben.

heiligen Altarraum gleicht daher in gewisser Weise dem Umstand, dass beim Bund am Berg Sinai die Israeliten den hochheiligen Berg besteigen und in der Gegenwart Gottes ein Mahl feiern konnten (siehe oben S. 66–67 und S. 73).

Alternativ gibt es auch die Praxis, dass sich die Gemeinde zur Feier des Abendmahls nicht dem Kommunionstisch oder Altar nähert, sondern auf ihren Plätzen bleibt. Eine Gottesdienstteilnehmerin oder ein Gottesdienstteilnehmer reicht Brot und Wein dann an die oder den nächste(n) weiter und spricht dazu die Deuteworte (oder einen Bibelvers). Diese Form lässt sich ihrerseits so erklären, dass die einzelnen Gemeindemitglieder durch die effektive Sündenvergebung geweiht werden. Sie gleichen daher Priestern, die im jüdischen Gottesdienst am Tempel durch einen sühnenden Blutritus geweiht und so ordiniert wurden (Exodus 29,19–21; Levitikus 8,23–24; siehe oben S. 72). Aufgrund dieser Weihe können Gottesdienstteilnehmerinnen und Gottesdienstteilnehmer derartige "priesterliche" Ämter ausfüllen und nehmen, nachdem sie ihrerseits das Abendmahl empfangen haben, aktiv an der Verteilung teil.

5. *Abendmahl und Sühne*: Allerdings wurde auch festgestellt, dass gerade Themen wie Opfer und Sühne heute oft missverstanden werden und auf Ablehnung stoßen. Deshalb ist es geraten, diesen Themen zugrunde liegende Bibeltexte zu studieren und Gemeindemitgliedern die darin enthaltenen Konzepte zu erklären. Möglich ist es dann auch, gelegentlich solche Erklärungen sogar bei der Abendmahlsfeier zu verwenden. So benutzte der Pastor der Evangelisch-Lutherischen All Saints-Gemeinde in Kelowna (Kanada) die Begriffe "Gegenwart" und "Leben" anstelle von "Brot" und

"Blut".[27] Neue Gemeindemitglieder, die wenig mit kirchlichen oder biblischen Sprachkonventionen vertraut waren, begrüßten diese Änderungen. Zu bedenken ist dabei natürlich, dass erklärende Terminologie niemals das volle Spektrum der zugrunde liegenden symbolischen Begriffe abdecken kann. Und natürlich besteht ferner die Gefahr, unter Umständen Missverständnisse durch problematische Alternativbegriffe zu institutionalisieren oder die Tradition biblischer Texte aus den Augen zu verlieren.[28] Letzteres geschieht allerdings auch dann, wenn veraltete Begrifflichkeit heute einfach nur verwendet wird, ohne den Sinn des damit Gemeinten zu eruieren und zu erklären.

6. *Abendmahl und Geselligkeit:* Vor allem in den Kirchen Nordamerikas ist es üblich, regelmäßig nach dem sonntäglichen Gottesdienst eine so genannte "Fellowship time" (Zeit der Geselligkeit bzw. Kameradschaft) anzubieten. Dabei werden Kaffee, Saft und Kekse angeboten und Gottesdienstbesucher motiviert, noch etwas länger im Gemeindehaus zu verweilen und sich zu unterhalten. Gelegentlich wird nach dem Gottesdienst sogar ein Mittagessen für alle gekocht. Diese Praktiken knüpfen ansatzweise an urchristliche Verhältnisse an, denn damals war das Abendmahl noch mit einem Sättigungsmahl verbunden (siehe oben S. 17 und S. 28). Auf diese Weise ist einerseits viel Zeit zum persönlichen Kennenlernen vorhanden. Andererseits können sich bedürftige Gemeindemitglieder ebenso wie alle anderen satt essen.

7. *Nüchtern zum Abendmahl?* Aufgrund dessen kann eine heute zum Teil noch übliche Praktik kritisch hinterfragt werden. In manchen Kirchen und Konfessionen werden Gottesdienstbesucherinnen und -besucher angewiesen, zum Abendmahl nüchtern zu erscheinen. Welche Gründe auch immer hinter dieser Forderung stehen mögen, klar ist: In der Bibel existiert im Rahmen der Abendmahlstexte nirgends eine solche Anweisung. Vielmehr steht sie in Widerspruch zum letzten Mahl von Jesus und zu den Gegebenheiten der urchristlichen Kirche. Wenn nämlich in beiden Fällen das Abendmahl im Rahmen eines Sättigungsmahles stattfand, dann war zu Beginn des eigentlichen Abendmahlsritus jedenfalls niemand mehr nüchtern.

8. *Häufigkeit von Abendmahlsfeiern:* Während viele Christinnen und Christen das Abendmahl als Höhepunkt des Gottesdienstes und als Sakrament verstehen, feiern es doch nicht alle gleich oft. Das liegt evtl. nicht zuletzt an den neutestamentlichen Schriften, die kaum Angaben dazu bieten, wie häufig das Abendmahl zu feiern ist. Nach einer Bemerkung in Apostelgeschichte 2,42 gehörte das "Brechen des Brotes" allerdings mit gemeinschaftlichen Treffen, dem Hören auf die Apostellehre und dem Beten zu den charakteristischen und regelmäßigen Aktivitäten der urchristlichen Gemeinde. Das lässt eher auf zahlreiche Abendmahlsfeiern schließen. Heute wird das Abendmahl in manchen Konfessionen täglich gefeiert, in anderen ist es Bestandteil des sonntäglichen Gottesdienstes, in wiederum anderen wird es

seltener, etwa viermal im Jahr, begangen. Da die Zeugen Jehovas das Abendmahl primär in der Tradition des Passafestes sehen, zelebrieren sie es nur einmal pro Jahr (siehe oben S. 8). Hier zeigt sich einmal mehr, dass verschiedene christliche Kirchen und Konfessionen nie zu einer einheitlichen Deutung des Abendmahls gefunden haben. Die konkurrierenden Interpretationen bestimmen also dessen Häufigkeit und zeitliche Ansetzung.

9. *Teilnahme am Abendmahl*: Wer sollte am Abendmahl teilnehmen? Den Evangelien zufolge ließ sich Jesus oft von Sündern und sonstigen gesellschaftlichen Außenseitern zum Essen einladen. Überhaupt pflegte er mit sehr unterschiedlichen Menschen Umgang. Seine Gefolgschaft war deshalb bunt gemischt und eine eher exoterische Gruppe, die nach außen hin offen war (siehe oben S. 104). Auf diese Weise wurde die Liebe Gottes sichtbar, die grenzenlos ist und allen Menschen gilt. Selbst bei seinem letzten Abendmahl wies Jesus den Judas, der ihn dann verraten würde, nicht zurück. Die Evangelien stellen das Abendmahl also als offene und einladende Feier dar, nicht als eine, an der nur bestimmte oder speziell ausgewählte Personen teilnehmen dürfen. Das Abendmahl ist grundsätzlich keine Institution des Ausschlusses.

Mir selbst ist es einmal vor langer Zeit widerfahren, bei einem Abendmahl zurückgewiesen worden zu sein. In einer Kirche in Boston (Massachusetts, USA) begann nach ca. dreistündiger Gottesdienstdauer die eigentliche Abendmahls-

feier. Ich stellte mich mit den anderen Gottesdienstteilnehmerinnen und -teilnehmern in einer
langen Reihe an. Vor dem Empfang des Brotes
wurde ich zu meiner Überraschung von dem
Geistlichen gefragt, ob ich denn seiner Konfession angehörte. Ich antwortete ruhig (auf Eng-
lisch): "Ich bin Christ". Der Geistliche wiederholte
seine Frage, und ich sagte dieses Mal: "Ich bin ein
evangelischer Christ". Daraufhin wies der Geistliche mich an, zu meinem Platz zurückzukehren.
Ich durfte also in dieser Kirche nicht am Abendmahl teilnehmen. Ich will hier nicht weiter über
meine unmittelbaren Gedanken und Gefühle
reflektieren. Es erscheint mir jedoch als klarer
Missbrauch des Abendmahls, wenn Christen
davon ausgeschlossen werden, die vorher noch
zur gemeinschaftlichen Feier des Gottesdienstes
zugelassen waren. Diese Überlegungen gelten allgemein auch für die Praxis bestimmter Kirchen
und Konfessionen, eigene Mitglieder aufgrund
bestimmter interner Kriterien von dieser Feier
auszuschließen. Das Abendmahl sollte grundsätzlich offen sein für alle Getauften – und nicht den
Teil der gottesdienstlichen Feier repräsentieren, der
den Ausschluss von Menschen besonders sichtbar
macht.

10. *Abendmahl und Mission*: Oft zeigt sich, dass
die Art, wie solche verschiedenen Aspekte
des Abendmahls in der Praxis gehandhabt
werden, mehr als nur ein theologisches oder
innerkirchliches Glasperlenspiel ist. Solche
Fragen haben weitere praktische Konsequenzen.
Sie bestimmen unter anderem, wie die jeweiligen

Kirchen außenstehende Menschen behandeln, unter anderem auch solche, die sich (noch) nicht als Christinnen und Christen verstehen. Über Regelungen zum Abendmahl werden letztlich wichtige Vorentscheidungen zum Thema Mission getroffen. Die kirchliche Abendmahlspraxis bestimmt auf diese Weise nicht zuletzt, wie unsere Kirchen "draußen" wahrgenommen werden. Sie bestimmt, ob andere merken, dass unsere Kirchen es mit der Vergebung der Sünden tatsächlich ernst meinen. Sie bestimmt, ob andere spüren, wie sehr Gottes Liebe unter Menschen wirksam ist. Sie bestimmt, ob andere erleben können, dass unsere Kirchen der frohen Botschaft Jesu gemäß ein Mahl feiern, welches Welten bewegt.

Die christliche Kirche begeht noch immer die Feier mit Brot und Wein, die Jesus vor knapp 2000 Jahren zum ersten Mal mit seinen Jüngern gefeiert hat. Viele Anregungen, die ich hier gegeben habe, lassen sich treffend und in einprägsamer Poesie mit den Worten Lothar Zenettis zusammenfassen:

*Seht, das Brot, das wir hier teilen*
*das ein jeder von uns nimmt*
*ist uns von dem Herrn gegeben*
*immer will er bei uns sein*

*Seht das Brot, das wir hier teilen*
*das ein jeder von uns nimmt*
*ruft nach Brot, um zu ernähren*
*alle Hungernden der Welt*

*Seht der Kelch, den wir jetzt teilen*
*den ein jeder von uns nimmt*
*ist ein Zeichen für den Frieden*
*für den Bund in Christi Blut*

# Das Abendmahl in der heutigen kirchlichen Praxis

Seht der Kelch, den wir jetzt teilen
   den ein jeder von uns nimmt
mahnt uns, dass auch wir versöhnen
   und verbinden, was getrennt

Seht, was wir hier heute feiern
   was wir miteinander tun
will den Tod des Herrn bezeugen
   bis er wiederkommt in Kraft

Seht, was wir hier heute feiern
   was wir miteinander tun
will uns neu mit ihm verbünden
   dass wir tun, was er getan

# ZUSÄTZLICHE
# INFORMATIONEN

# Literaturvorschläge

Wer Interesse an weiteren oder vertiefenden Informationen hat, findet hier einige alphabetisch geordnete Vorschläge zu Literatur und Internetseiten:

Klaus Berger, *Wozu ist Jesus am Kreuz gestorben?* Stuttgart: Quell Verlag, 1998.

> Berger zieht für seine Interpretation biblischer Texte immer wieder interessante und originelle frühjüdische Quellentexte heran. Auf den Seiten 195–222 wird für Laien verständlich erklärt, was ihm zufolge Kelch und Brot beim Abendmahl bedeuten.

Andrea Bieler/Luise Schottroff, *Das Abendmahl. Essen, um zu leben*, Gütersloh: Gütersloher Verlagshaus, 2007.

> Den Autorinnen zufolge hat Christsein mit "eucharistischer Existenz" zu tun, welche die Wiederkunft Christi erwartet. Das so beschriebene Abendmahlsverständnis ist befreiungstheologisch und feministisch geprägt. Dieses Buch regt an, über besonders gestaltete Abendmahlsliturgien nachzudenken.

# Wie ein Mahl Welten bewegt

Christoph Haider, *Eucharistie erleben und verstehen*, Augsburg: Sankt Ulrich Verlag, 2008.

Pfarrer Christoph Haider erklärt die Feier der Eucharistie in allgemein-verständlicher Sprache. Für ihn ist die Messfeier Zentrum katholischen Glaubens. Das Buch geht auf eine Reihe von Internet-Artikeln zum "Jahr der Eucharistie" 2005 auf kath.net zurück, die seinerzeit auf reges Interesse gestoßen ist. Es wird durch ein Vorwort von Kardinal Meisner eingeleitet.

Matthias Klinghardt, *Gemeinschaftsmahl und Mahlgemeinschaft. Soziologie und Liturgie frühchristlicher Mahlfeiern* (Texte und Arbeiten zum neutestamentlichen Zeitalter 13), Tübingen, Basel: A. Francke Verlag, 1996.

Eine wissenschaftliche Studie zum Abendmahl. Klinghardt widmet sich unter anderem dem Phänomen, dass sich frühchristliche Gemeinden bis zum 3. oder 4. Jahrhundert n. Chr. regelmäßig zu Gemeinschaftsmählern versammelten. Diese Gemeinden waren also vor allem Mahlgemeinschaften.

Wolfgang Kraus/Martin Rösel (Herausgeber), *Update–Exegese 2.1. Ergebnisse gegenwärtiger Bibelwissenschaft*, Leipzig: Evangelische Verlagsanstalt, 2015.

Wie der Titel vermuten lässt, setzt sich dieser Band zum Ziel, Ergebnisse der aktuellen Bibelwissenschaft (auch "Exegese" genannt) für ein breites Publikum verständlich zu vermitteln. Für unser Thema sind vor allem zwei Beiträge interessant, die hier auch teilweise angesprochen werden, nämlich der alttestamentliche Aufsatz "Was ist ein Opfer?" (auf den Seiten 42–50) und der neutestamentliche Aufsatz "Das Opfer Jesu" (auf den Seiten 168–174). Beide Beiträge wurden von mir selbst geschrieben.

# Literaturvorschläge

Päpstliches Komitee für die Internationalen Eucharistischen Kongresse (Herausgeber), *Die Eucharistie – Gabe Gottes für das Leben der Welt. Theologische Grundlegung für den Internationalen Eucharistischen Kongress in Québec in Übereinstimmung mit dem Statut des Päpstlichen Komitees für die Internationalen Eucharistischen Kongresse* (übersetzt von Veit Neumann), Würzburg: Echter Verlag, 2008.

> Dieses für einen Kongress der römisch-katholischen Kirche publizierte Buch handelt von der Eucharistie, die Papst Benedikt XVI selbst als Thema vorgegeben hat. Es führt aus, dass die Eucharistie für die römisch-katholische Kirche die schlechthinnige Gabe Gottes und der Höhepunkt des Gottesdienstes ist. Es sieht diese Feier als Ausdruck der Liebe Gottes zur Menschheit und thematisiert in gesonderten Kapiteln den Zusammenhang von Eucharistie und Mission, Evangelisierung und häuslichem Leben.

Dorothea Sattler/Friederike Nüssel, *Menschenstimmen zu Abendmahl und Eucharistie. Erinnerungen – Anfragen – Erwartungen*, Frankfurt am Main: Verlag Otto Lembeck, und Paderborn: Bonifatius Verlag, 2004.

> Sattler ist eine römisch-katholische, Nüssel eine evangelische Theologie-Professorin. Gemeinsam haben sie 1514 Zuschriften gesammelt, um individuelle Eindrücke und persönliche Erfahrungen heutiger Menschen zu dokumentieren und auszuwerten. Bei letzterem – "Theologische Hintergründe" genannt – sind die unterschiedlichen Konfessionen der Autorinnen durchaus feststellbar.

Thomas Schumacher, *Die Feier der Eucharistie: liturgische Abläufe – geschichtliche Entwicklungen – theologische Bedeutung*, München: Pneuma Verlag, 2009.

Schumacher beschreibt die Eucharistiefeier ansprechend als "Verdichtung" des Grundvollzugs kirchlichen Lebens. Christen sind angehalten, sich um das Verstehen dessen zu bemühen, was sie glauben, und das bezieht sich auch auf gottesdienstliche Riten. Dazu bietet dieses Buch einen liturgiegeschichtlichen Überblick von der frühchristlichen Zeit bis zur Gegenwart und erläutert dann den Ablauf der römisch-katholischen Eucharistiefeier. Es schließt mit Reflexionen zu ihrer Bedeutung im Horizont des Sendung Jesu, wobei es auch um die Frage nach dem Proprium der Eucharistie geht.

Jens Schröter, *Das Abendmahl. Frühchristliche Deutungen und Impulse für die Gegenwart* (Stuttgarter Bibelstudien 210), Stuttgart: Katholisches Bibelwerk, 2006.

Schröter untersucht frühchristliche Texte des 1. bis 3. Jahrhunderts n. Chr. zum Abendmahl. Dabei arbeitet er heraus, welche Einflüsse aus jüdischen und heidnischen Mählern das frühe Christentum bei der Ausbildung seiner eigenen Mahlfeier aufgenommen hat. Auf dieser Grundlage erscheint diese Feier als unverzichtbarer Mittelpunkt des Christentums aller Konfessionen.

Andreas Wagner (Herausgeber), *Sühne – Opfer – Abendmahl. Vier Zugänge zum Verständnis des Abendmahls*, Neukirchen-Vluyn: Neukirchener Verlag, 1999.

Dieser Sammelband enthält verschiedene wissenschaftliche Aufsätze zu den im Titel angegebenen Themen. Das Abendmahl wird u.a. vor dem Hintergrund religiöser Anschauungen im Alten Testament erklärt.

Michael Welker, *Was geht vor beim Abendmahl?* Gütersloh: Gütersloher Verlagshaus, 2005 (3. Auflage).

# Literaturvorschläge

Eher für eine theologisch versierte Leserschaft und Pastoren/Pfarrer. Welker geht gründlich auf die wichtigsten ökumenischen Erklärungen der christlichen Kirchen zum Abendmahl ein. Das Buch stellt in einem Anhang auch die Texte dieser Erklärungen zusammen.

# Informationen im Internet

Eine instruktive und leicht zugängliche – sowie kostenlose – Quelle für Informationen zur Bibel ist das (zur Zeit noch im Aufbau befindliche) *Wissenschaftliche Bibellexikon im Internet* (WiBiLex) der Deutschen Bibelgesellschaft (Stuttgart):

http://www.wibilex.de/wibilex/

Für die Themen dieses Buches sind vor allem folgende Artikel relevant:

"Brot" (von Benjamin Ziemer),

"Bund (AT)" (von Udo Rüterswörden),

"Getränke (AT)" (von Jakob Wöhrle; mit Bemerkungen über das Trinken von Wein),

"Opfer (AT)" (von Ulrike Dahm),

"Opfer (NT)" (von Christian Eberhart),

"Passa" (von Karl William Weyde),

"Qorban" (von Christian Eberhart; dieses Wort ist ein hebräischer Begriff für "Opfer"),

"Ritus / Ritual" (von Gerald A. Klingbeil),

"Schlachtung / Schächtung" (von Christian Eberhart),

"Sühne (AT)" (von Christian Eberhart),
"Tempel (NT)" (von Michael Bachmann), sowie
"Versöhnung (AT)" (von Christian Eberhart).

Informativ und übersichtlich gestaltet ist ferner der Artikel zum Thema "Abendmahl" im freien Internetlexikon *Wikipedia*:

http://de.wikipedia.org/wiki/Abendmahl

# Zusammenfassung der Anregungen für Workshops

## Anregung für einen Workshop 1: Was bedeutet das "Blut des Bundes"?

1. *Bitte lesen Sie* Exodus 24,1–11; Exodus 29,19–21; Levitikus 14,10–20. Sie können diese Szenen auch nachspielen, indem verschiedene Gruppen jeweils einen der biblischen Texte inszenieren.

2. *Bitte diskutieren Sie* zunächst: Welche rituellen Handlungen haben diese Texte jeweils gemein? Was bewirken diese Handlungen den Bibeltexten zufolge?

3. *Bitte diskutieren Sie* dann: Inwiefern helfen diese Szenen, den Abendmahlstext in Markus 14,22–25 bzw. die Abendmahls-Liturgie Ihrer eigenen Kirche besser zu verstehen?

## Anregung für einen Workshop 2: Was bedeutet das Brechen des Brotes?

1. *Bitte lesen Sie* Markus 2,13–17; 6,30–44; 8,1–9; Lukas 19,1–10 oder spielen Sie diese Szenen nach.

2. *Bitte diskutieren Sie*: Welches Umfeld ist diesen Szenen jeweils gemein? Welche Menschen begegnen Jesus?

3. *Bitte lesen Sie* dann Markus 14,22–25.

4. *Bitte diskutieren Sie* dann: Werden angesichts dieser biblischen Texte neue Aspekte der Abendmahlsworte erkennbar?

## Anregung für einen Workshop 3: Essen stiftet menschliche Gemeinschaft

Sehen Sie sich einmal den Film "Babettes Fest" (das dänische Original heißt "Babettes Gæstebud") von Gabriel Axel an, der im Jahr 1987 immerhin mit einem Academy Award (Oscar) ausgezeichnet wurde. Oder lesen Sie die Novelle der Autorin Karen Blixen, auf der dieser Film basiert. Buch und Film handeln davon, was ein mit Liebe – allerdings auch mit viel Aufwand – vorbereitetes Mahl vermag: Es kann einer Gruppe von Menschen wieder zu Einheit und Freude verhelfen, und zwar gerade auch frommen Menschen, die durch gegenseitige Missgunst entzweit sind.

1. *Bitte diskutieren Sie*: Haben Sie schon erlebt, wie Essen und gemeinsame Mahlzeiten Menschen untereinander verbinden?

2. *Bitte diskutieren Sie*: Gibt es in Ihrem Lebensumfeld oder in Ihrer Kirche Menschen, die aus welchen Gründen auch immer untereinander zerstritten sind? Oder ist zwischen Ihnen selbst und einer anderen Person das Tischtuch im wahrsten Sinne des Wortes zerschnitten? Was könnte getan werden, um diese Menschen wieder zusammen zu führen?

# Der Ort des Abendmahls:
# Der "obere Saal"

Nach Markus 14,14–15 aßen Jesus und seine Jünger das Abendmahl in einem Gastzimmer, das als großer, oberer Saal beschrieben wird, welcher "mit Polstern ausgelegt und fertig" war. Dieser Saal war auf dem Zionsberg in Jerusalem gelegen. Die nachfolgenden Bilder zeigen ein Zimmer, das dort heute als eben dieser obere Saal gezeigt wird.

Der "obere Saal" befindet sich an der linken Seite dieses
Hofes auf dem Zionsberg in Jerusalem.

Die Tür zum "oberen Saal".

Das Fenster des "oberen Saales".

# Der Ort des Abendmahls: Der "obere Saal"

Der Innenraum des "oberen Saales".

Die Entstehungszeit des heutigen Gebäudes ist schwer zu bestimmen. Die Säulen und Gewölbepfeiler sowie die gewölbte Decke im gotischen Stil, aber auch sonstige historische Überlegungen lassen auf ein Datum zwischen dem 12. und 13. Jahrhundert n. Chr. schließen. Dann wäre der ursprüngliche Saal aus der Zeit Jesu später renoviert oder in gewissem Umfang erneuert worden.

# Quellennachweise zu den Gedichten von Lothar Zenetti

*Zungen von Feuer*
*Poesie*
*Was Jesus für mich ist?*
*Die wunderbare Zeitvermehrung*
*Passion (Ich kenne einen . . . )*
*Seht, das Brot, das wir hier teilen*
In: Lothar Zenetti, *Auf Seiner Spur. Texte gläubiger Zuversicht,* Topos plus Taschenbücher Band 327, Mainz: Matthias Grünewald Verlag, 2002.

*Lied zur Eucharistie*
*Ohne Dich*
In: Lothar Zenetti, *Sieben Farben hat das Licht. Texte, die den Tag begleiten,* München: Pfeiffer Verlag, 1987.

# Endnoten

1. Vgl. dazu u.a. meine Bücher *The Sacrifice of Jesus. Understanding Atonement Biblically* (Facets), Minneapolis: Fortress Press, 2011; *Kultmetaphorik und Christologie. Opfer- und Sühneterminologie im Neuen Testament* (Wissenschaftliche Untersuchungen zum Neuen Testament Nr. 306), Tübingen: Mohr Siebeck, 2013.

2. Die ältesten Handschriften des Markusevangeliums enden mit dem Bericht vom leeren Grab (Markus 16,1–8). Der so genannte längere Markusschluss (16,9–20) über die Erscheinungen und Himmelfahrt des auferstandenen Jesus (bzw. ein anderer, noch kürzerer Text) wurde erst später an dieses Evangelium angefügt.

3. Bibeltexte in diesem Buch habe ich selbst aus den hebräischen oder griechischen Originaltexten des Alten und Neuen Testaments übersetzt. Dabei war mir eher an der Genauigkeit der Übersetzung gelegen, was notgedrungen hier und da auf Kosten der "Eleganz" der Ausdrucksweise gehen konnte. Diese Genauigkeit ist zum Beispiel in Markus 14,22 und 14,23 manifest. In diesen beiden Sätzen habe ich nicht einfach nur gleich bleibend "dankte" übersetzt, wie das die Lutherübersetzung 1984 tut. Im griechischen Originaltext stehen nämlich zwei unterschiedliche Worte, die jeweils

unterschiedliche Bedeutungen haben. Erwähnt sei ansonsten noch, dass ich Worte, die für das Verständnis der Passagen allgemein hilfreich sind, in Klammern eingefügt habe.

4. Das Buch Genesis wird auch "das erste Buch Mose" genannt, das Buch Deuteronomium auch "das fünfte Buch Mose".

5. Siehe dazu Kapitel 3 ab S. 47.

6. Ältere Bibelübersetzungen geben diesen Abschnitt oft wieder: "Und als sie zu Tisch saßen...", was jedoch nicht antiken Mahlsitten entspricht. In der damaligen griechisch-römischen Welt waren Esstische mit Stühlen unbekannt. Vielmehr fanden gemeinschaftliche Mahlzeiten in der Regel in förmlichen Esszimmern statt. Diese wurden auf Lateinisch *triclinium* genannt, was bedeutete, dass sich dort drei Liegen (Griechisch *klinai*) mit leicht schrägen Oberflächen befanden. Teilnehmer an der Mahlzeit ruhten auf diesen Liegen in halb-liegender Position auf Kissen. Die Liegen selbst waren in U-Form um einen Tisch herum angeordnet, auf den das Essen gebracht wurde. Die vierte Seite dieser Konfiguration blieb offen, um den Tischservice zu ermöglichen.

7. Qumran war eine Siedlung der frühjüdischen Gemeinschaft, die im Jahr 68 n. Chr. von römischen Soldaten eingenommen wurde. Diese Gemeinschaft hatte sich wahrscheinlich aufgrund von Meinungsverschiedenheiten mit der religiösen Führung in Jerusalem an einen strategisch günstig gelegenen Ort am Westufer des Toten Meeres zurückgezogen. Sie bewahrte viele Schriftrollen in elf Höhlen in und um Qumran auf, die erst ab dem Jahre 1947 wiedergefunden und veröffentlich wurden.

8. Zum Begriff der Sünde bzw. des Sünders in der Bibel siehe unten S. 65–66.

9. Siehe dazu Kapitel 3 ab S. 47.

# Endnoten

10. Siehe unten S. 105 und S. 118.

11. Das Buch "Lehre der zwölf Apostel" (*Didache*) entstand wahrscheinlich um 100–180 n. Chr. Es hatte lange Zeit kanonischen Status, gehörte also zum Neuen Testament.

12. In der römisch-katholischen Kirche wird neben dem Begriff "Messe" auch oft das Wort "Messopfer" verwendet. Es bezieht sich konkret auf die Vorstellung, dass sich Brot und Wein in dem Moment, in dem der Priester sie durch das Sprechen der so genannten Einsetzungsworte weiht, tatsächlich in das Fleisch und Blut von Jesus verwandeln.

13. Nach den Texten des Neuen Testaments zum Abendmahl war das Mahl Jesu wohl nicht das zentrale Passamahl. Möglich ist, dass Jesus und seine Jünger eher ein weniger formelles Passamahl während der Woche der Festvorbereitungen feierten. Zum eigentlichen Passafest war nämlich nach den Vorschriften des Alten Testaments nur die Verwendung von ungesäuerten Broten erlaubt (Exodus 12,8.39). Das Brot, das Jesus beim Abendmahl verwendete und an seine Jünger verteilte, war jedoch mit Sauerteig hergestellt, wie das griechische Wort *artos* in Markus 14,22 vermuten lässt. Solches Brot war beim Passafest allerdings streng verboten. Zu diesen Beobachtungen kommt außerdem, dass Jesus nach dem Plan seiner Gegner vor dem Passafest sterben sollte (Markus 14,1–2). Auch findet die Kreuzigung am "Rüsttag" statt, also am Tag vor dem Passafest (Markus 15,42).

14. Das Buch Exodus wird auch "das zweite Buch Mose" genannt.

15. Das Buch Levitikus wird auch "das dritte Buch Mose" genannt.

16. Das ist in vielen Ländern Afrikas und Asiens anders, wo vielfach noch heute Opfer praktiziert werden. So gibt es z.B. im brahmanischen Hinduismus in Indien vielfältige Opferrituale,

die verschiedentlich mit denjenigen des Alten Testaments oder des Judentums verglichen worden sind.

17. Das Buch Numeri wird auch "das vierte Buch Mose" genannt.

18. Die Frage, was die Jünger angesichts der Brotvermehrung hätten lernen sollen, wird später beantwortet (siehe unten S. 98).

19. Meist wird das hebräische Wort "Jom Kippur" im Deutschen mit "Großer Versöhnungstag" übersetzt. Da aber die Wurzel *kpr* des hebräischen Wortes "Kippur" im Deutschen üblicherweise mit "sühnen" wiedergegeben wird, ist die Übersetzung "Großer Sühnetag" angemessener. Die direkte Übersetzung von "Jom Kippur" wäre denn auch "Tag der Sühne". Im Rabbinischen Judentum hat sich die noch kürzere Bezeichnung "großer Tag" durchgesetzt.

20. Schwer zu beantworten ist die Frage, wann die hier erwähnten Texte entstanden sind. Als Abfassungszeit für die drei Johannesbriefe werden heute meist die Jahre vor 100 n. Chr. erwogen. Vorschläge zur Datierung schwanken zwischen 60 und 100 n. Chr. Im Vergleich dazu wurde das vierte Makkabäerbuch noch vor kurzem als älter eingestuft. Nach neueren Vorschlägen ist diese Schrift aber wohl doch erst gegen Ende des 1. Jahrhunderts oder zu Beginn des 2. Jahrhunderts n. Chr. anzusetzen. Alle vier Makkabäerbücher gehörten übrigens zur griechischen Übersetzung der hebräischen Bibel und damit zur Version des Alten Testaments des frühen Christentums.

21. In der Tat ist der Opferbegriff im Alten Testament weder auf Tieropfer noch auf Opferrituale überhaupt eingeschränkt. Vielmehr werden in Numeri 7 nacheinander sogar bedeckte Wagen samt den Rindern, die diese ziehen (V. 3), sodann Silberschalen (V. 13), ein Goldgefäß (V. 14) und auch

# Endnoten

Tiere für Opferdarbringungen (V. 15–17) "Opfer" genannt (ähnlich V. 19–83). In unseren Bibelübersetzungen ist dieser aufschlussreiche Sachverhalt allerdings meist nicht erkennbar. Das hebräische Wort "*qorban*", welches hier jeweils Verwendung findet, ansonsten aber der allgemeine priesterliche Oberbegriff für "Opfer" ist, wird nämlich in den meisten Bibeln einfach mit "Gabe" wiedergegeben.

22. Am meisten Ähnlichkeit mit den Brotvermehrungen in Markus 6,30–44 und 8,1–9 hat die alttestamentliche Erzählung vom Propheten Elisa, der einen Mann anweist, zwanzig Gerstenbrote an hundert Menschen zu verteilen; am Ende würden noch Reste übrig bleiben (2 Könige 4,42–44). Bezüge darauf finden sich im Judentum bis in die jüngere Vergangenheit, so etwa in der chassidischen Geschichte von Rabbi Elimelech von Lizhensk (aus dem 18. Jahrhundert n. Chr.). Gewisse Ähnlichkeit hat weiterhin die wundersame Speisung der Israeliten mit Manna (Exodus 16), auf die sich später z.B. 2 Baruchapokalypse 29,8 bezieht.

23. Das Wort "Herz" bezeichnet hier dem antiken Menschenbild entsprechend die Fähigkeit der Erkenntnis (zu weiteren diesbezüglichen Erklärungen siehe oben S. 79).

24. Auch die Geschichte des frühen Christentums war anfangs durch Mahlfeiern nachhaltig geprägt. Das Christentum war zwar eine sehr vielgestaltige Bewegung und breitete sich an vielen Orten aus. Dennoch trafen sich Christen bis zum 3. oder 4. Jahrhundert n. Chr. vor allem im Rahmen von Gemeinschaftsmählern und verstanden sich als Mahlgemeinschaften (nach Matthias Klinghardt, *Gemeinschaftsmahl und Mahlgemeinschaft. Soziologie und Liturgie frühchristlicher Mahlfeiern*, Tübingen, Basel: A. Francke Verlag, 1996).

25. Angemerkt sei zum Thema Realpräsenz, dass diese in den vergangenen Jahrhunderten auf verschiedene Weise erklärt und

begründet worden ist. In der römisch-katholischen Kirche und einigen östlichen Kirchen wird die Auffassung vertreten, dass Jesus Christus "real präsent" ist, weil bei der Eucharistiefeier Brot und Wein tatsächlich in das Fleisch und Blut von Jesus verwandelt werden, ohne ihre äußerlichen materiellen bzw. sinnlich wahrnehmbaren Merkmale (Akzidenzien) zu verlieren. Dieser Vorgang wird "(Heilige) Wandlung" oder "Transsubstantiation" genannt und ereigne sich, wenn der Priester die Deuteworte spricht. Die Reformation wies den Begriff der Transsubstantiation zurück. In seiner 1528 publizierten Schrift *Vom Abendmahl Christi, Bekenntnis* hielt Martin Luther aber an der Realpräsenz fest. Er differenzierte dabei konkret drei Seinsweisen Christi, nämlich eine leibliche, eine unbegreiflich geistliche und eine himmlische. So konnte er Christus quasi als Schöpfungsprinzip beschreiben. Als solches sei Christus in allen Ausformungen der geschaffenen Welt und folglich auch in Brot und Wein präsent.

26. Michael Welker, *Was geht vor beim Abendmahl?* Gütersloh: Gütersloher Verlagshaus, 2005 (3. Auflage), S. 97.

27. Ein Bericht darüber erschien in dem kirchlichen Journal *Canada Lutheran* 23/8, S. 17.

28. So empfiehlt das Kirchenamt der Evangelischen Kirche in Deutschland in seiner Schrift *Das Abendmahl. Eine Orientierungshilfe zu Verständnis und Praxis des Abendmahls in der evangelischen Kirche* (Gütersloh: Gütersloher Verlagshaus, 5. Auflage 2008) auf S. 49: "Nur durch die wörtliche Rezitation der Einsetzungsworte nach einem der neutestamentlichen Zeugen oder in der historischen Mischform der biblischen Texte ist sichergestellt, daß das Sakrament gemäß seiner ursprünglichen Intention unverfälscht im Gottesdienst gefeiert wird und nicht durch individuelle theologische Deutungen oder liturgische Einfälle überlagert wird".

# Bibelstellen-Verzeichnis

## (in Auswahl)

# Bibelstellen-Verzeichnis

www.ingramcontent.com/pod-product-compliance
Lightning Source LLC
Chambersburg PA
CBHW071439090426

42737CB00011B/1718